Thomas Heller

AustrAsia Overland

Geschichten aus 1000-und-Einem Kilometer

D1722629

traveldiary.de Reiseliteratur-Verlag
Hamburg

www. raveldiary.de

© 2005 traveldiary.de Reiseliteratur-Verlag

Jens Freyler, Hamburg

www.traveldiary.de

ISBN 3-937274-16-2

Herstellung: Books on Demand GmbH, Norderstedt

für Friederike

wir sind immer zusammen
gegangen

Selbst ein einfacher Geist,
Hat er doch 1000-und-Einen Kilometer bereist;
Hat mitunter so Spannendes zu sagen,
Wie es selbst Lessing, Fichte und Klopstock nicht wagen.

Sherry und Geschichten – ein Vorwort über Lauschen und Erzählen

Wer eine Reise tut, der kann was erzählen. Man sitzt des Abends, ein Sherry schwenkt in der Runde, die Geschichten kreisen: „Well, I tell you a story...“ Wie oft hat uns das schon entführt. Wir lauschen; bunte Traumbilder aus 1000-und-Einem Kilometer lassen die Wirklichkeit etwas leuchtender erscheinen. Wie Staub klopft der Erzähler die Geschichten aus seinen abgetragenen Kleidern zusammen. Reisestaub. Das heißt immer: Reisegeschichten.

Ein weitgereister Mann darf Unglaubliches, Extremes, Widersprüchliches, Bewegendes, Spannendes, Grausames, Eindrückliches vorbringen – angesichts unbekannter Dinge ist er nicht, oder doch nur schwer zur Rechenschaft zu ziehen. Und wer will das überhaupt? Wir hängen an seinen Lippen. Der Sherry kreist erneut. Ich mühe mich ab, suche in seinem Mundwinkel ein Zucken, das verrät: Jetzt hat er doch ein bisschen geflunkert. Doch seine Augen bleiben klar. Einzig die Stimme wird schneller, er greift zum Glas: „Wie war das doch in Santiago? Damals...“

Reisegeschichten leben im Gespräch. Ein Wort ergibt das nächste. Jemand runzelt die Stirn. Ich wechsle die Kerze. Er zieht ein altes, zerfleddertes, ehemals schwarzes Tagebuch heraus; er brummelt, er steckt es ein. Wir fragen. Er fängt ganz woanders an. Die Frage ist vergessen. Gibt es heute noch Abenteuer? Welches Gesicht hat der Tod? Welches Gesicht hat das Leben? Was ist anderen wichtig? Wie groß ist die Zahl der Geschichten, aus denen sich allein ein menschliches Leben zusammensetzt? Wir fragen; und er erzählt, erzählt seine Geschichten. Die Kerzen brennen still, der Sherry leuchtet.

- - -

Auch ich habe mir Notizen gemacht. Er ist noch jung, ostdeutsch, geboren bei Leipzig. Abitur, Studium. Doch dazwischen bricht die Welt ins Normale ein: Er geht auf Reisen, allein, mit seiner Freundin oder in kleineren Gruppen. Ich schätze auf 200.000 Kilometer, vielleicht 10 größere Reisen. Größtenteils mit öffentlichen Verkehrsmitteln, mitten am Puls des Landes und der Menschen. Ein weitgereister Mann. Ich habe lange mit ihm gesprochen, viel Sherry getrunken und er hat zugesagt: Seine Notizen will er ordnen, manche Themen zusammenfassen, zumindest die Geschichte einer Reise niederschreiben. Einige Bilder, die selbst Geschichten erzählen, wird er hinzufügen. Er besteht darauf: Er ist nicht anders, und andere sind viel weiter herumgekommen: „Im Handstand mit verbundenen Augen auf den Mount Everest" und „die schnellste Weltumseglung per Fahrrad" – darüber kann er lachen. Wer solche Extreme sucht, ist hier falsch. Doch wer die Menschen sucht, sei eingeladen weiterzulesen. Wer menschliche Geschichten (und nicht Rekorde) hören will, der lese weiter! In 15 Kapiteln findet sich hier eine höchst ungewöhnliche Reise über vier Kontinente; und das heißt zuallererst verdammt viel Reisestaub. Das heißt auch verdammt viele Reisegeschichten. Im folgenden werden sie erzählt, wie sie sind: Zerstückelt, persönlich, hart, unglaublich *but true*. Nehmen auch wir uns einen Sherry, einen guten Sitz, einen Blick fürs Weite. „Well, I tell you a story..."

AustrAsia Overland

Geschichten aus 1000-und-Einem Kilometer

Aufbruch Ost

Der Süden Sachsen-Anhalts ist eine einsame Gegend. Auf halbem Wege zwischen Halle, Weißenfels und Leipzig liegt meine Heimat. Bad Dürrenberg ist ein kleines Städtchen, Kurpark und Saalestrand können Arbeitslosigkeit, Abwanderung, Überalterung und Pessimismus nur schwer kaschieren. Im flachen Land wächst im Mai blühend gelber Raps, doch die versprochenen blühenden Landschaften der Wendezeit sind ausgeblieben. Die Abgase der großen Chemiewerke in Leuna sind verschwunden, doch die Unsicherheit liegt mindestens ebenso schwer in der Luft. Auch mir wird diese Luft zu knapp; zusammen mit meiner Freundin Friederike will ich für ein Jahr auf Reisen gehen. Wir wollen nach Neuseeland und Australien - und dann von Sydney aus ohne Flugzeuge zurück nach Hause reisen. Mit Bus, Bahn, Schiff und den sonstigen lokalen Verkehrsmitteln, die sich jeweils vor Ort ergeben werden. „Overland" / „Überland" nennt man das im „Fachjargon" der Rucksackreisenden; und dazu gehört auch, nahe an den Menschen zu bleiben, sich zu unterhalten, auszutauschen, zu lernen. Bis auf die Flüge nach Australien ist so noch nichts organisiert. Doch ist so ein Aufbruch aus (Ost-)Deutschland Flucht oder Suche?
Als ich am 22.03. um 18.53 Uhr am Bahnhof in Bad Dürrenberg in die Regionalbahn Richtung Weißenfels steige, ist der erste Schritt der Schwerste. Es nieselt. Das Gesicht meiner Mutter am dunklen, verfallenen Bahnsteig brennt sich im Gedächtnis ein. Und neue Fragen: Ist so ein Aufbruch ein notwendiger Weg zum Erwachsen werden oder doch nur kindlicher Eigensinn? Was soll so eine Reise bringen, die uns an die Enden der Erde und die Grenzen der normalen Existenz führen wird? Wozu? Bis heute rätsele ich über diese Frage - doch ich weiß: Da wird es eine Antwort geben. Ich würde wieder fahren, doch wieso? Vielleicht kommt diese Antwort ja beim Schreiben dieses Buches - also werde ich schreiben, nachdenken, lesen, warten und schreiben. Ohne Meinung, ohne Urteil. Ich bin gespannt auf das, was hier entsteht. Ich werde mich überraschen lassen. Hätte ich noch Papier und Feder, so könnte ich zusehen, wie der Text langsam aus meiner Hand fließt. Eine endlose Schlange auf weißem Grund, die weiter und immer weiter kriecht. Genauso ist es beim Reisen: Langsam entrollt sich der Weg; gibt Anhöhen, Ausblicke, Erkenntnisse frei. Dieses Buch ist – ebenso wie unsere Reise – ein unplanbares Abenteuer. Wer weiß, welches Gesicht es bald haben wird…
In Naumburg holt mich Friederike vom Bahnhof ab, noch zwei Nächte schlafen wir bei ihrer Familie im alten Pfarrhaus in Flemmingen bei Naumburg. Ein paar letzte Spaziergänge im deutschen Wald. Dann, am 24.03., stehen wir wieder am Bahnhof. Jetzt muß die nächste Familie verabschiedet werden. Tränen, Umarmungen, der Pfiff des Schaffners. Los geht's, zum Flughafen nach Frankfurt/-Main. Wochenendticket, 28 EUR, ca. sechs Stunden.

In Frankfurt kommen wir am frühen Nachmittag an, die restlichen Stunden bis 20.00 Uhr bummeln wir auf dem Flughafengelände umher. Ein ungewohntes Terrain, hektische Geschäftsmänner in grauen Anzügen hechten vorbei. Unsere Zeit hingegen zieht sich wie Sirup. Dann endlich der Aufruf: „Flug 1701 nach Seoul/Incheon". Wir gehen zum Terminal, sitzen wenig später im Flugzeug. Die üblichen Ansagen, 45 Minuten Verspätung, ein flaues Gefühl im Bauch. Wir sehen uns an. Dann heben wir ab.

A   Mein Blick eilt zum Horizont, zu neuen Wegen,
U   Einem Leben, das ich kaum begann, voran.
F   Die Zukunft selbst kommt uns entgegen,
B   Ruft aufs fröhlichste im Innern an.

R   Und ich jauchze. Doch eben will sie mich verführen,
U   Siehe!, diese Zukunft, die ich kaum erfasste, rinnt!
C   Mein Blick eilt ihr nach sie anzurühren,
H   Und spürt doch nur den Gegenwind.

Inseln unter der Sonne

Nachts um drei weckt mich strahlender Sonnenschein. Verunsichert schaue ich aus dem Fenster. Unter mir zieht die Mongolei vorbei; riesig, trocken, beeindruckend. Na klar: Wir sind der Sonne entgegen geflogen, deshalb ist es zwar in Deutschland 3 Uhr nachts, doch weiter im Osten gehen natürlich die Uhren entsprechend anders. Ich schaue zur Anzeigetafel des Flugzeuges. Mongolische Ortszeit: 9 Uhr morgens! Höchste Zeit also, sich auf neue Zeiten umzustellen! Unten im Wüstensand schlängelt sich ein endlos langer Wurm – die große Mauer! Wir sind begeistert, Euphorie macht sich breit. Jetzt geht's also wirklich los, jetzt sind wir unterwegs. Aufgeregt und mit riesigem Hunger essen wir die letzte deutsche Wurst.

Nach einem zweitägigen Zwischenstopp in Seoul sitzen wir wieder im Flugzeug - diesmal Richtung Neuseeland. Wieder wird es Nacht, Japan zieht unter uns vorbei. Als die letzten Lichter im schwarzen Dunst zurückbleiben, öffnet sich die ganze Weite des Pazifiks. Aus 10 Kilometern Höhe schauen wir auf eine unermeßliche Wasserfläche hinunter, die sanft das Sternenlicht reflektiert. Am Horizont scheint die Krümmung der Erde erkennbar, dunkles Wasser und dunkler Sternenhimmel lösen die Grenzen zwischen Himmel und Erde auf. Ein Blick in den Urbeginn der Schöpfung. Sanft schweben wir über den Wassern, nach Süden, immer nach Süden…

- - -

Rütteln weckt uns. Die Sonne sticht zum Fenster herein, das Flugzeug hat die Luftbremsen aktiviert. Sind wir schon in Neuseeland? Ein Blick zur Uhr – nein, vermutlich nicht. Eine Stewardess kommt, sie klärt uns auf: Wir machen einen außerplanmäßigen Zwischenstop in Fidschi. Fidschi, die Insel, von der die Deutschen bei der Ziehung der Lottozahlen träumen! Irritiert und überrascht schauen wir zum Fenster hinaus. Und in der Tat, da liegen sie, grüne Tupfer im azurblauen Meer: Die „Inseln unter der Sonne". Friederike schaut mich an. „Wie wäre es, wollen wir nicht vielleicht einen kurzen Zwischenhalt einlegen?!" Gesagt, getan! Die nächsten Minuten werden hektisch: Wir reden mit den Stewardessen, die reden mit dem Captain, der telefoniert noch im Sinkflug mit Zoll und Einreisebehörden. Dann kommt die Bestätigung: Ja, wir können – auch ohne Visum – bleiben und unseren Flug splitten. Juhu! Jetzt geht alles ganz schnell, das Flugzeug sinkt, es rüttelt, wir setzen auf, halten an. Freudig taumeln wir zur Tür, steigen zum Rollfeld herab. Eine gewaltige, schwüle Hitze schlägt ins Gesicht. Ein Zollbeamter in Badelatschen und Rock winkt uns vorbei, jemand bringt unser Gepäck. Zwei prächtige Reihen Zähne grinsen aus seinem sonnenverbrannten Gesicht. Er schüttelt meine Hand: „Welcome! Bula vinaka! Relax! It's Fiji-Time!" Ich freue mich. Und wir sind in Fidschi.

Fidschi, der Inselstaat mitten in der Südsee besteht aus hunderten Inseln, die zum Teil nur wenige Zentimeter über dem Meeresspiegel liegen. Wir sind auf Viti Levu gelandet, der größten Insel, die von ihrer Fläche her ungefähr dem Saarland entspricht. Doch während man dort gerade im Frühlingsregen bei 8 Grad Celsius unterwegs ist, trägt hier jeder kurzärmlige Hemden und Röcke. Ja, jeder: Selbst Polizisten und Zollbeamte zeigen Bein und wir müssen uns das Lachen verkneifen. Wie soll es jetzt weitergehen? Well, erstmal die Klamotten wechseln. Wir verschwinden in den Toiletten - in Sandalen, Hemden und kurzen Hosen tauchen wir wieder auf. Besser! Eine reichlich beleibte Frau stürzt auf uns zu: „Welcome in Fiji! You need hostel?" Wir schauen uns an, ja, das täte wohl gut. Schnell werden wir uns über den Preis einig, ihr Mann (Schwager? Cousin? Bruder? Neffe?) bringt uns zum Hostel, einem kleinen Haus am Strand. Begeistert toben wir über den Strand, bis uns der Jet-Lag einholt. Todmüde fallen wir um 12 Uhr Fidschi-Zeit ins Bett. In Deutschland ist es jetzt Mitternacht. Ich fühle mich eigenartig desorientiert, schaue zur Decke. Sie ist mit roten Blutflecken gesprenkelt... zerquetschte Moskitos. Ob unsere Körper per Flugzeug schneller reisen als die Seelen fliegen können?

Am nächsten Tag werden Pläne gemacht. Uns sitzt die Unternehmungsfreude in den Knochen, jetzt wollen wir was sehen. Wir beschließen, die Hauptinsel einmal zu umrunden. Unsere Gastgeberin rät uns ab: Es fahren kaum Busse, es ist gefährlich, als Weiße würden wir immer übervorteilt, sogar ausgeraubt werden. Wir sollen lieber in das Inselhotel ihres Bruders kommen, dort unsere zwei Wochen verbringen. Wir lachen, unsere Antwort fällt leicht: „Relax! It's Fiji-Time!" Und schon schnappen wir unsere Rucksäcke und stellen uns an die Straße. Doch wohin? Wir schauen uns um. Links an der Küste entlang? Rechts an der Küste entlang? Doch bevor ich noch die Karte aus dem Rucksack ziehen kann, stoppt der erste Bus, ein klappriger alter Geselle ohne Fenster und Dach. Der Fahrer winkt uns mit Windmühlenarmen zu sich. Ich lasse die Karte stecken, die Entscheidung zwischen den einzigen beiden auf Fidschi möglichen Richtungen ist so leicht gefällt. Nach rechts!

Der Bus fährt an. Über zahllose Schlaglöcher, die untereinander durch nur noch wenige Teerfetzen verbunden sind, tuckeln wir auf der sog. *Kings-Road* (wie ein Schild verrät) langsam Richtung Osten. Wir selbst fühlen uns wie Könige und Königinnen, freuen uns des Lebens und schauen begierig zum Fenster hinaus. Erst jetzt erschließt sich die ganze Schönheit der Insel: An einem schmalen Küstenstreifen, der als einziges Gebiet richtig bebaut und besiedelt ist, schließt sich ein dampfender, tropischer Wald an. Im Inselinneren steigen die Hügel der Küstennähe zu großen Vulkankegeln empor. Ein sattes Grün verteilt sich in allen möglichen Schattierungen über die traumhafte Kulisse, am weißen Strand rollen gemächlich die Wellen aus. Kleine Siedlungen mit offenen Häusern aus Holz, Wellblech und Stein bleiben am Weg liegen, Bananen und Zuckerrohr wachsen. Eine kleine, veraltete Eisenbahnlinie schlängelt sich wie eine Spielzeugbahn durchs Land. Ein leichter Schauer vertreibt die Hitze, Kinder spielen im Schlamm.

In Latoka, einer größeren Stadt am Meer, finden wir unsere erste Unterkunft: Wir fragen bei einer Familie, ob wir in ihrem Garten zelten dürfen. Die alten, enorm beleibten Frauen, die im Schatten unter ihrem Haus sitzen, schauen sich kurz an, nicken und lachen herzhaft. Kurz schießt uns ein unmöglicher Gedanke durch den Kopf: Wie war das doch mit den Kannibalen in Fidschi? Unsere erste Nacht bei vollkommen fremden Menschen... Doch nun gibt es kein zurück mehr, jemand bringt etwas zu essen, zahlreiche Kinder tollen umher. Wir erzählen, lachen und haben einen guten Abend miteinander. Der Wind schüttelt Kokusnüsse von den Bäumen. Nachts treibt uns die Hitze aus dem Zelt, unter dem Kreuz des Südens schlafen wir ein.

Tage später kommen wir abends in Suva, der Hauptstadt der „Inseln unter der Sonne" an. Ein kräftiges Gewitter ist herangezogen, Blitze zucken über die regenverhangene Bucht. Palmen biegen sich im Wind. Wir hetzen vom Busbahnhof über die leeren Straßen zur Innenstadt und hoffen auf einen Geldautomaten. Unser Bargeld (für ein Hostel) ist alle. Doch alles hat schon geschlossen, es ist Ostersamstag und auch die Geldautomaten haben zu Ostern frei. Auf einem schmierigen Bordstein stürze ich, der schwere Rucksack drückt nach unten, mein Knie schrammt bis zum Knochen auf. Jetzt wäre ein trockener, gastfreundlicher Raum nicht verkehrt. Blut rinnt, vermischt sich mit Regen. Hilflos blicken wir umher, niemand ist bei dem Sturm auf der Straße. Einzig eine kleine, chinesisch aussehende Frau hechtet vorüber, eine Plastikplane über dem Kopf. Sie bleibt stehen, schaut uns traurige Gestalten an. Ihre Haare hängen naß im Gesicht, am Arm eine große Tätowierung. Ein Drache.

10 Minuten später sind wir in ihrem kleinen Haus. Sie heißt Trisa, wohnt zusammen mit ihrer lesbischen Lebenspartnerin Wonnie, ihrer Schwester Felicitas und zwei Kindern (von wem eigentlich?) in einem kleinen Holzhaus am Rand von Suva. Eine bunt gewürfelte Gemeinschaft, und wir sind herzlichst willkommen. Erst mal einen Tee, dann säubern wir meine Wunde. In der Zwischenzeit ist ein fürstliches Essen aufgetragen, Curryfisch, exotische Soßen, Reis und Fladenbrot. Wir essen im Schniedersitz, die dampfenden Teller vor der Nase, und erzählen von weißen deutschen Wintern. Die Kinder schauen erstaunt, Trisa strahlt uns an: „You're most welcome!" Ein Gespräch entspinnt sich, zum erstenmal erfahren wir von ihr auch von den Problemen Fidschis, z.B. vom letzten Jahr, als über Tage die Wasserversorgung defekt war und sich niemand zur Abkühlung duschen konnte (was viele Herz- und Kreislaufprobleme zur Folge hatte) - oder von den neuen doppelspurigen Kreisverkehren der Hauptstadt, die niemand gewohnt ist, und wo es immer zahlreiche Unfälle gibt, so dass mittlerweile allabendlich im Fernsehen erklärt wird, wie man in den Kreisel einzubiegen habe – oder von den Rassenkonflikten zwischen den „Ureinwohnern" und der indischen Bevölkerung, die die Engländer in der Kolonialzeit als billige und

fleißige Arbeitskräfte ins Land brachten und die nun einen Großteil des Kapitals besitzen - oder von den Problemen mit westlicher Nahrung, Fast-Food usw., welche die „Ureinwohner" nicht vertragen. Deswegen seien auch viele der Inselbewohner so dick und so anfällig für Diabetes und Herzprobleme... Ein spannendes Gespräch. Trisa bietet uns an, über Ostern bei ihnen zu bleiben, wir sagen gerne zu. Ohne viel Aufhebens verschwindet sie mit Wonnie im Bett, wir machen uns auf einigen Bastmatten breit. Eine eigenartige Familie, aber gastfreundlich und fröhlich. Innerlich schwören wir uns, das hier Erfahrene mit nach Haus zu nehmen. Nachts um 24 Uhr stehen wir nochmals auf, rufen bei unseren Eltern an. Die sitzen gerade am Mittagstisch. Große Überraschung, man hat uns in Neuseeland erwartet. Aber Fidschi sei auch ganz gut.

Am nächsten Morgen sind wir um 6 Uhr wieder auf den Beinen. Es ist Ostersonntag, um sieben beginnt die Kirche. Trotz der frühen Tageszeit sind wir klatschnaß geschwitzt, als wir den strahlend weißen Bau erreichen. Dutzende Ventilatoren summen an der hohen Decke, die Orgel hebt an, ein buntgemischter Chor (Inder? Chinesen? Engländer?) erhebt sich. Offensichtlich ist Jesus auch für Fidschi auferstanden. Freudig stimmen wir in den Ostergesang ein.

Nach einer ausgiebigen Siesta bummeln wir noch etwas durch die Stadt. Die riesigen, mitunter hausgroßen Bäume beeindrucken uns. Sie scheinen vor Leben zu triefen; Papageien und andere exotische Vögel kreischen, Affen klettern umher. Am Stadtrand beobachten wir einen herrlichen Sonnenuntergang über der Bucht. Plötzlich tritt ein Mann hinzu, streicht sich über seinen enormen Bauch, grüßt freundlich. Wenn wir möchten, so lädt er uns ein, so könnten wir doch einen „Kava" zusammen trinken. Zusammen mit seinen „colleges" hätte er gerade welchen vorbereitet. „Ah, Kava", schießt es uns durch den Kopf: Das leicht betäubende „Nationalgetränk" Fidschis aus den Wurzeln des Pfefferstrauches. Wir sagen zu, gehen einige Meter mit ihm. Plötzlich passieren wir eine Schranke mit einem verlassenem Wärterhäuschen. Weiter vorne liegt eine hohe Mauer, stacheldrahtgekrönt. Hunde bellen in einem kleinen Zwinger. Irritiert bleiben wir stehen. Doch unser Gastgeber klärt uns schnell auf: Wir seien gerade im Gefängnis von Suva, er und seine Freunde sind hier Wärter. Doch heute zu Ostern haben sie frei und zur Feier des Tages einen „Kava" vorbereitet. Und da kommen sie auch schon, drei stattliche Männer in Leinröcken und Badelatschen. Die Vorstellungsrunde ist schnell erledigt, dann sitzen wir in einer offenen Strohhütte im Kreis. Schlagstöcke an den Wänden. Jemand holt einen Beutel mit weißem Pulver hervor, schwenkt ihn durch eine große, mit Wasser gefüllte Holzschüssel im Inneren des Kreises. Langsam beginnt das Wasser weiß zu werden, die Köpfe unserer Gastgeber röten sich vor Freude. Doch der erste Schluck soll dem Gast gehören. Ich bekomme eine kleine Schale, setze grüßend an. Doch da schlägt meine Nase Alarm: Kann man Pfeffer wirklich trinken?! Ich kneife die Zähne zusammen, dann die Augen, öffne die Zähne wieder und schütte alles hinunter. Alle freuen sich, langen selber zu. Doch jetzt stellt sich bei mir die typische, bei

„Anfängern" besonders starke Wirkung ein: Mein Hals kribbelt und wird gefühllos. Langsam, doch sicher verliere ich die Kontrolle über meine Zunge, die betäubt im Mund schlackert. Doch da ist schon die nächste Runde heran, ich setze an, alle lachen, weiter geht es.

Stunden später verabschieden wir uns mit großen Umarmungen. „Auf ein Wiedersehen im Gefängnis von Fidschi!" rufen sie uns noch nach, dann wanken wir zurück zu Trisa. Das Kreuz des Südens wird wohl am Himmel geblinkt haben, doch wir waren garantiert zu betrunken, um es gesehen zu haben.

Zwei Wochen später sitzen wir wieder im Flugzeug. Der Sonnenbrand schmerzt, doch die Stimmung ist zuversichtlich. Zurück liegt eine gute Zeit, Fidschi war ein entspannter Reisebeginn mit einigen dennoch prägenden Erfahrungen. Warmes Wasser zwischen den Füßen, Sand unter den Zehen, Regen am Ende eines warmen Sommertages... Jetzt donnern wir auf Neuseeland zu, nach dem langsamen Reisen um die „Inseln unter der Sonne" erleben wir den Unterschied zwischen Flugzeug und Bus, zwischen *First-Class* und *Human-Live*, zwischen *Klima* und *klimatisiert* nun in aller Deutlichkeit. Gut, dass wir uns bis auf die zwei notwendigen Flüge nach Neuseeland und Australien zum „Overland" entschieden haben.

Neuseeländische Trampgeschichten

Voll tropischer Unbeschwertheit steigen wir in Auckland aus dem Flieger. Es ist bedeckt und kühl, ein leichter Wind geht. In der Abfertigungshalle drängen sich die Menschen. Wir gehen es relaxed an, lassen uns vom Flughafenservice auf einen Kaffee einladen, der hier für alle Neuankömmlinge kostenlos bereit steht. Ein Zollbeamter mit einem Spürhund kommt vorbei, bei meinem Rucksack bleibt er stehen. Der Hund schnüffelt. „Something special in here?" Ich weiß nicht genau, was er meint, winke unsicher ab. Er macht einen kurzen Vermerk in meinen Papieren, geht weiter. Wir trinken zu Ende, machen uns dann auf zur Zollkontrolle. Jemand fragt nach Gemüse, Obst, Essen in unseren Rucksäcken. Wir winken ab, gehen weiter. In einem großen Saal müssen wir die Rücksäcke auf einem Förderband ablegen, eine große Röntgenanlage durchleuchtet geschäftig die vorbeilaufenden Gepäckstücke. Auch unsere Rucksäcke rollen hindurch. Doch da stoppt die Szenerie, das Band hält an, ein Beamter winkt uns zu sich. Er öffnet meinen Rucksack, kramt darin herum. Langsam holt er zwei Limonen (noch vom Markt aus Suva) hervor, schaut mich bedeutungsschwer an. "What the hell..." Ich bin irritiert, erkenne keinen Verstoß in diesen zwei Früchten. Das sind doch nun wahrlich keine Drogen! Doch seine Miene bleibt steinern. Dann holt er ein Formular hervor, kreuzt mit eiserner Mine verschiedene Punkte an, schickt uns zu einem anderen Beamten in ein kleines Büro. Der nimmt sich Zeit und erklärt uns schließlich die schlechten Neuigkeiten: In Neuseeland bestehen ausgesprochen strikte Zollvorschriften und da das Land als Insel im Südpazifik von einer ganzen Reihe von (Obst-)Krankheiten und (Vieh-)Seuchen bisher verschont geblieben ist, soll das auch so bleiben. Deswegen ist die Einfuhr fast aller organischer Güter verboten oder unterliegt zumindest strikter Vorschriften - selbst benutzte Zelte oder schmutzige Wanderschuhe sind verboten. Wir lassen uns aufklären, können nur zustimmen. Das war neu, oder besser: Wir haben uns wohl einfach nicht ausreichend informiert – und auch die Faltblätter, die im Flugzeug auslagen, zu schnell zur Seite getan. Doch als wir mit einem freundlichen „Sorry!" gehen wollen, hält er uns zurück. Die zwei Limonen in meinen Rucksack sollen uns jetzt 200 NZ-Dollar Strafe kosten. Verdutzt schaue ich ihn an, warte auf das erlösende Lachen. Doch es bleibt aus. Dann beginnt die Diskussion. 20 Minuten später stehen wir schließlich vor dem Zollgebäude und sind 200 Dollar ärmer. Willkommen in Neuseeland!

Mißmutig und vergnatzt laufen wir zur Ausfallstraße, recken den Daumen in den Wind. Es beginnt zu regnen. Ein junger Mann hält an, mit seinem Pick-Up fahren wir einige Kilometer nach Süden bis eine kleine Wiese neben einem See zum Übernachten einlädt. Es sieht aus wie an der mecklenburgischen Seenplatte. Wir bauen das Zelt auf, kochen eine Fertigsuppe, hauen uns in die Schlafsäcke und machen Pläne für die weitere Zeit. Nach Süden soll es gehen, zur unberührten Südinsel. Leise trommelt der Regen auf die Zeltleinwand. Was für ein mieser Empfang im schönsten Land der Erde!

Am nächsten Morgen sieht alles ebenso grau aus. Es nieselt noch immer, dunkle Schwaden ziehen über den regenverhangenen See. Wir packen unsere Rucksäcke in Plastikplanen und stellen uns an die Straße. Zum Glück hält schnell ein junger Sportlehrer und zusammen mit zwei Hunden und ca. 20 Volleybällen fahren wir in seinem Kleinbus nach Süden. 30 Kilometer später muß er abbiegen, wir stehen an einer Straßenkreuzung im Nirgendwo. Da stoppt schon ein Inder mit riesigem Bart und Turban, weiter geht es. Er ist auf dem Weg zur Arbeit, zu einer großen McDonalds-Filiale an der Bundesstraße. 10 Kilometer später sind wir schon da, ein großer Rastplatz mit Autowäsche und Fast-Food. Der Regen wird stärker. Doch zum Glück hält schon Bob, ein junger Dozent der Universität in Auckland. Wir springen rein, weiter geht es. Bob ist sehr am lutherischen Christentum interessiert, bewegt diskutieren wir über die Zukunft des Christentums im „postsozialistischen" Ostdeutschland. Er ist überrascht: „Warum gab es nach der Wende keinen Aufschwung für die Kirchen im Osten?" Meine englischen Schulkenntnisse erhalten ihren ersten Tauglichkeitstest. Hat er mich eigentlich verstanden? Doch kurz vor Rotorua, einer Stadt mit zahlreichen heißen Quellen trennen sich auch diese Wege. Endlich klart es auf. Wieder stehen wir am Straßenrand, halten die Daumen in den Wind.

Stunden verstreichen. Und wir stünden noch heute da, wenn nicht Rex mit seinem LKW angehalten hätte. Er lädt uns ein, „bed n' beer" mit ihm zu teilen, bringt uns zu seinem Haus am Waldrand. Kurze Zeit später sitzen wir in der Küche, das Essen ist in der Röhre, seine Kinder toben um uns herum. Wir machen uns ein Bier auf. Er erzählt von den vielen Neuseeländern, die im zweiten Weltkrieg starben, und von seinem Vater, der *gegen* Rommel in Nordafrika kämpfte. Friederike springt ein, erzählt von ihrem Großvater, der *unter* Rommel diente. Und dann fallen, ganz nebenbei, zwei denkwürdige Sätze. Rex schaut uns an: „Well, it took nearly 60 years, but now we're sitting here together drinking a good kiwi-beer! The war, the war is now finished." Friederike sucht unter dem Tisch meine Hand. Ich erwidere ihren Druck. Wie viele Deutsche sind auch wir geschichtsbelastet, in Schuld und Scham befangen. Auch meine ost-westdeutschen Vorurteile sind immer noch Spätfolgen dieses nicht enden wollenden Krieges, immerzu suche ich – typisch deutsch? – meine Identität in der Vergangenheit, stimme ihr zu, lehne sie ab. Immer neue Anfragen; und sie sind gerechtfertigt, geben mir Identität, kommen meiner speziellen Verantwortung als Deutscher nach! Doch dieser schon leicht angetrunkene Lastwagenfahrer, schaukelnd auf seinem Stuhl in einer kleinen Küche am Rand des Südpazifiks, hat uns gerade von dieser Last frei gesprochen: Der Krieg ist endlich vorbei. Ost-West ist vorbei. Wir können *now!* in Frieden leben. Sanft scheint der Mond über dem See von Rotorua. Die heißen Quellen dampfen in der stillen Nacht. Müde fallen wir ins Bett. Well, das war ein wirklicher Trampertag!

Bei Rex lässt's sich gut relaxen. Wir bleiben einige Tage und erkunden die umliegenden Wälder. Baumriesen recken sich gen Himmel, Farne in der Größe dreistöckiger Häuser wuchern. Eingebettet in diesen urwüchsigen Wald liegen kleine, klare Seen. Manche der hier wachsenden Bäume sind älter als das Christentum, knarrend lockt der Wind Töne aus den uralten Giganten. Mitten in diesem dampfenden, feucht-nassen, jahrtausende-alten Überfluß zieht Friederike ihre Wanderschuhe aus, läuft barfuß zurück zum Haus. Der Schlamm spritzt, geht andernorts bis zu den Waden. Doch wir sind unbesorgt und guter Laune, denn das ist das Besondere neuseeländischer Regenwälder: Im Gegensatz zu Australien oder den Tropen gibt es hier keinerlei giftige, beißende, kratzende Tiere und Pflanzen. Eine einzige Spinnenart, die kleine Kaitipo, lebt zwar am Strand und ist ein wenig giftig. Doch sie beißt so selten Menschen, dass die Neuseeländer bei einem Stich anraten, zuerst zur Zeitung zu gehen und die *story* zu verkaufen, bevor man dann seine Zeit beim Arzt „vertrödelt". An einer kleinen Lichtung halten wir an. Ein Kiwi, der neuseeländische „Nationalvogel", kreuzt die Wiese, sieht uns, rennt aufgeregt davon.

Langsam verstehen wir auch unsere 200 Straf-Dollar vom Flughafen. Seitdem die Maori, die Ureinwohner, vor ca. 1000 Jahren und schließlich die Europäer im Gefolge der Pazifikexpedition von Captain James Cook (1769) im Land der „langen, weißen Wolke" Fuß fassten, brachten gerade die Engländer in immer neuen Schüben ihre heimischen Pflanzen- und Tierarten mit auf die abgeschlossene Inselwelt; neben Schaf, Hund und Ziege auch so unangenehme Gesellen wie Ratten, Wespen oder das Opposum aus Australien. Flora und Fauna Neuseelands konnten diesen aggresiven Eindringlingen nicht viel entgegensetzen, als erstes verschwand schon vor ca. 400 Jahren durch die intensive Jagd der Maori der Moa, ein bis zu drei Meter großer, flugunfähiger Vogel, dann folgten viele Robben- und Pinguinarten – und nun sind die Kiwis selbst gefährdet. Die Regierung, und speziell die Umweltbehörde DOC, die über die Hälfte des Landes verwaltet, können zwar für heute entsprechende Regeln erlassen, doch sind die Fehler der Vergangenheit nur noch schwer rückgängig zu machen. Neuerdings versucht man kleinere Inseln von allen „ausländischen" Eindringlingen zu „reinigen", doch das ist eine anspruchsvolle, schwierige Arbeit, die nicht immer von Erfolg begleitet ist. Wieviele Rattenfallen muss man auf einer Insel wohl verteilen, um alle Ratten auszurotten? Die Vision einer weltweit einheitlichen Natur, bestehend aus Schwein, Ratte, Goldfarn und Löwenzahn steigt bedrohsam in uns auf. Auch das ist Globalisierung, und sicherlich keine gelungene.

Zurück bei Rex holt dieser ein Gewehr aus einem abgeschlossenen Schrank. Patronenkugeln klirren in einer halboffenen Kiste. Er geht hinters Haus, lädt. Konzentriert betrachtet er die Wiese. Ein kurzer Fluch. Dann fällt ein Schuß, noch einer, sein Hund bringt ein totes Opossum heran. Er klärt uns auf: Gerade die aus Australien stammenden Oppossums sind für die heimische Tier- und Pflanzenwelt so gefährlich (da sie vorzugsweise die Eier der flugunfähigen Vögel fressen), dass die Regierung jedes vorgelegte Oppossumfell mit einem Entgelt von mehreren Dollars entlohnt. Das ist Kopfgeldjagd im Zeichen des Naturschutzes! Von nun an betrachten auch wir die zahllosen plattgefahrenen Oppossums auf den neuseeländischen Straßen mit merkbarem Wohlgefallen.

Doch Rex hat noch eine andere Überraschung für uns bereit. Wir steigen in seinen Truck, wieder beginnt es zu regnen, wenige Kilometer später finden wir uns in einem abgelegenem Tal wieder. Weit und breit kein Mensch. Es stinkt nach Benzin. Ob am Truck wohl etwas defekt ist? Doch der Gestank kommt aus dem vor uns liegendem Tal, zwischen den Farnen steigt weißer Dampf empor. Wir bahnen uns einen Weg, stehen wenig später an einem kristallklaren, zugleich dampfend-heißen und stinkenden Bach. Der „Kerosin-Creek", erklärt uns ein stolzer Rex, komme direkt aus der Erde. Er stinke zwar „a bit" nach Schwefel, habe aber zum Baden genau die richtige Temperatur. Also nichts wie herunter mit den regennassen Klamotten! Bei angenehmer Badewannentemperatur lassen wir uns treiben. Als das Wasser langsam kälter wird, schwimmen und waten wir im Bachlauf höher, wo näher an der Quelle die Temperatur kontinuierlich steigt. Natürliche Becken laden zum Verweilen ein, der Regen plätschert, der Bach rauscht, der Schwefel stinkt, die Farne wehen im Wind. Ein himmlisches Badevergnügen in solch einer Schwefelhölle!

Doch auch die besten Reisebekanntschaften gehen zu Ende. Nach einigen Tagen stehen wir wieder an der Straße, den Daumen im Wind. Noch immer wollen wir zur Südinsel. Ein alter klappriger VW-Bus hält, eine junge Frau mit einem gewaltigen Ring in der Nase winkt uns heran.

„Where do you wanna go?"

„Well, direction south...!"

„Oh, you got a quite great saxonian accent!" Plötzlich müssen alle loslachen, ich wechsle ins Deutsche – sie hat unseren sächsischen Akzent erkannt!

„Wo kommst Du denn her?"

„Na, aus Leipzig-Connewitz!" Schnell klären wir die Identitäten. Sandra wohnt eigentlich in Leipzig, hat gerade einige Monate in einem neuseeländischen Behindertenheim gearbeitet und tourt jetzt noch einige Wochen mit ihrem alten VW durch die Nordinsel. Wir freuen uns, fahren ab, kommen ins Gespräch. Doch plötzlich ein lauter Knall, der Wagen ruckelt. Sandra versucht das Steuer gerade zu halten, bremst, setzt den Wagen schlingernd an den Straßenrand. Ein Reifen ist geplatzt, die Reste schlingern sich traurig um die Kurbelwelle. Unschlüssig stehen wir am Straßenrand, ein Truck donnert vorbei. Natürlich, kein Wagenheber im Auto. Doch schon das nächste Auto stoppt: John, Jugendpfarrer einer Baptistengemeinde aus Auckland und ehemaliger Golfprofi, steigt mit ca. 10 Jugendlichen aus. Ein Wagenheber ist schnell organisiert, alle fassen an, eine knappe Viertelstunde später sitzen wir wieder im VW. Bevor wir abfahren, lädt uns John noch nach Auckland zu sich und seinen vier Kindern ein. Well, das werden wir uns nicht entgehen lassen! Sandra bringt uns noch ein gutes Stück nach Süden, dann trennen sich wiedermal die Wege.

Drei Stunden stehen wir am Wegrand, wieder beginnt es zu regnen. Autos brausen vorbei. Es ist kalt. Wir verbergen uns halb unter einer Plastikplane, ein Bus mit japanischen Touristen fährt vorbei. Alle winken, Photoapparate werden hervorgezogen, doch der Bus ist zum Glück zu schnell. Fluchend werfe ich ihnen schlechte Wünsche hinterher, argumentiere mit Nächstenhilfe und weiß doch zugleich, dass man als Tramper eben unsichere Karten hat. Doch können sie wirklich jemanden im Regen stehen lassen? Dann hält endlich ein Auto, ein Student aus Palmerston North nimmt uns ganze zehn Kilometer mit. Zum Unterhalten bleibt da kaum Zeit, auch zum Trocknen nicht, doch zum Traurigsein zum Glück ebenso wenig: Denn kaum steigen wir aus, stoppt auch schon Paul, Niederländer, ehemaliger Philosophiestudent und leidenschaftlicher Biologe. Er forstet die Wälder Neuseelands auf, lebt zusammen mit seiner Frau in Wellington. Genau dort, wo wir auch hinwollen! Die Fahrt ist höchst lehrreich, wir lernen ein neues niederländisches Wort (*Stinkert* – ist es so schlimm mit unseren Reiseklamotten?) und erfahren, dass es in Neuseeland eine Palme gibt (die *Nikau*), die eigentlich aus zwei voneinander getrennten Pflanzen besteht – Blätterdach und Stamm können unabhängig voneinander wachsen und sich zugleich in einer perfekten Symbiose ergänzen. Paul hat sich in Begeisterung geredet. Geistreich schauen wir in die Luft. Spätabends kommen wir dann in Wellington an, fallen auf einem Zeltplatz am Stadtrand in die wohlverdienten Schlafsackfedern. Well, auch das war wieder ein wirklicher Trampertag!

Einige Tage später sind wir schon auf dem „Interislander", einer großen Fähre von der Nord- zur Südinsel unterwegs. Zum erstenmal seit Tagen kommt die Sonne richtig hervor, die Bucht von Wellington und die „Cook Strait" liegen im strahlenden Morgenlicht. Hunderte von kleinen Boten tanzen auf den Wassern. Ein herrlicher Tag! Zufrieden sitzen wir auf Deck und lassen uns die Sonne auf den Bauch scheinen. Ein paar deutsche Touristen kommen aufs Deck, wir wechseln einige Worte. Landsleute – ein schönes Gefühl! Ein Frau dreht sich um, flüstert ihrer Tochter zu: „Die zwei machen ein Jahr!" Bewegt schauen wir uns an. Ein Jahr – was wird da noch alles passieren. Jetzt sind wir gerade vier Wochen unterwegs. Doch plötzlich geht ein Murmeln durch die Menge, alle rennen zur Steuerbordreeling. Das Murmeln wird zum Ausruf, Photoapparate werden eilig hervorgekramt. Wir hechten hinzu, schauen in das tiefblaue Wasser. Ein Ausruf entweicht mir, ich kann meinen Augen kaum trauen. Ca. 30 Delfine, ein ganzer Schwarm dieser herrlichen Tiere, begleitet unser Schiff. Im glitzernden Morgenlicht springen sie aus der spritzenden Gischt, in immer neuen Schüben kommen sie heran. Die Passagiere sind außer sich; auch wir verschießen dutzende Photos (auf denen wir später kaum etwas erkennen) und sind in Hochstimmung. Was für ein Wunderland!

Auch die nächsten vier Wochen auf der Südinsel sind geprägt von dieser wunderbaren Natur. Das Land der „weißen Wolke" offenbart hier seine ganze Schönheit. Wir trampen durch zauberhafte Fjordlandschaften, erkunden endlose Küstenstreifen. Das weite Land dehnt sich, menschenleer rollen die grün-gelben Hügel im Inneren der Insel. Ein kurzer Regenschauer jagt den nächsten, dann wieder klare Luft und leuchtender Sonnenschein. Regenbogen hängen am Firmament. Wenige Kilometer weiter dampfen moosgrüne Regenwälder, Gletscher schieben sich zum Meer. Pinguine und Robben lärmen nachts neben unserem Zelt am Strand. Fern am Horizont leuchten die schneebedeckten neuseeländischen Alpen, im klaren Seewasser flitzen Forellen.

Irgendwo in dieser menschenleeren Wunderwelt gabelt uns Chrissy beim Trampen auf. Zusammen mit ihren vier Söhnen Aaron, Salomon, Isaac und Jeremiah fahren wir zu ihrer einsamen Farm. Eine Ziege rennt umher, Bienen summen, Geflügel. Weites Land. Der Vater kommt aus dem Haus, begrüßt uns. Wir sollen einige Tage bleiben, heute gibt es Braten! Doch schnell merken wir, dass hier etwas anders ist: Die Söhne sind zwar ausgesprochen kontaktfreudig und freundlich, dennoch ist der Umgang mit ihnen auf eine eigenartige Weise schwierig, manchmal wenden sie sind plötzlich ab, flitzen aufgeregt umher. Kann es denn an unserem Englisch liegen? Am nächsten Morgen steht Sohn Aaron mit versteinertem Blick in der Küche und jongliert mit Messern. Kein Gruß, keine Geste. Die Klingen wirbeln. Wir sind irritiert, schauen zu Chrissy. Die nimmt uns zur Seite und beginnt zu erzählen: Ihre vier Söhne leiden (wie der Vater der Kinder auch) in unterschiedlicher Stärke an Autismus. Sie leben in einer eigenen Welt, aus der sie hin und wieder auftauchen – um jedoch auch immer wieder zurückzukehren. Ein „normaler" Umgang ist schwierig, kommen zu viele Eindrücke und Menschen auf einmal, verstärkt sich der Rückzug, wird die Kommunikation schwieriger. Leider hat die Familie das Ausmaß der Vererbung erst erkannt, als der älteste Sohn mit ca. fünf Jahren eindeutige Anzeichen zeigte – und da alle anderen drei Söhne zu dieser Zeit schon geboren waren, hatte die Familie so „auf einen Schlag" vier behinderte Kinder. An Schule und ein normales städtisches Leben war nicht mehr zu denken, sie verkauften ihr Haus und zogen sich auf eine kleine Farm in „the middle of nowhere" (wie sie selbst sagen) zurück, wo sie nun ihr besonderes Leben führen. Chrissy ist die Mitte dieses Lebens; die energische Mutter kocht, putzt, kauft ein, versorgt die Tiere und unterrichtet ihre Kinder. Manchmal wird ihr das alles zuviel, doch sie hält durch. Und sie liebt ihre Familie. Bewegt fragen wir weiter, nehmen Anteil, sehen alles in einem neuen Licht. Was für eine unglaubliche Geschichte! Und doch sitzt Chrissy uns gegenüber und trinkt ihren Kaffee, als wäre es das normalste der Welt. Wir sollen noch einige Tage bleiben, den Kindern tue der Kontakt mit uns gut. Also bleiben wir, melken die Ziege, waschen ab, jonglieren mit Messern, jagen den Bienen ihren Honig ab, spielen Computer und schauen Videos über die Erschaffung der Welt in sechs Tagen. Nachts leuchten die Neonsterne an der Decke des Kinderzimmers. Eine Spieluhr musiziert.

Ich bin wahrlich kein Experte für Autismus. Doch wir hatten einige wundervolle und intensive Tage zugleich. Als wir wenige Tage später wieder an der Straße stehen und ein Auto hält, rennen plötzlich nochmals alle aus dem uns gegenüberliegenden Haus. Mutter, Vater, vier Kinder. Sie haben hinter den Fenstern gewartet. Alle winken, sie lachen und sind traurig zugleich. Nochmals umarmen wir uns, versprechen wiederzukommen. Im Gästebuch der Familie habe ich einen altklugen Spruch hinterlassen: „Sometimes is the middle of nowhere the center of the word!"

Unsere Trampgeschichten gehen weiter. Einige Tage zelten wir am Aoraki/Mt. Cook, dem mit über 3300 Meter höchsten Berg Neuseelands. Keas kreischen, nachts donnern Lawinen ins Tal. Das Kreuz des Südens blinkt am Himmel. Und wieder weiter, ein alter Mann hält, lädt uns in seinen roten Ferrari. Auf dem Rücksitz liegt ein Gebiß, ich verstaue es sorgsam in einem bereitliegenden Hut. Am Ende fragt er uns: „Have you seen my teeths?" Wortlos reiche ich ihm den Hut. Er dankt. Ganz im Süden schneien wir bei einer mehrtägigen Wandertour ein, kalter Wind aus der Antarktis tobt an den Hüttenwänden. Wir finden einen Sack mit Kohlen, machen es uns gemütlich. Tage später stoppt zum erstenmal ein japanischer Tourist, in einem ausgetrockneten Flußbett bauen wir unser Zelt auf. Eine junge Maori hält, erzählt uns vom Leid ihres Volkes, von Vertreibung und neuer Hoffnung. Nebel treibt durch die Täler. Jemand erzählt uns vom Amoklauf in Erfurt. Traurig schütteln wir die Köpfe. „Ja, wir kommen aus der Ecke." Und wieder eine neue Bekanntschaft: Ian, Grundschullehrer, Bierbrauer und Mercedesfan. Sein dottergelber Mercedes bringt uns in den Regenwald...

Wie die endlosen Hügel rollen die Tage vorbei. Unsere Reise hat einen Rhythmus bekommen: Aufstehen, kochen, Zelt abbauen, wandern oder trampen, Zelt aufbauen, kochen, schlafen. Abends lesen wir Geschichten von Dhingis Aitmatov. *Dschamila. Gülsary. Oh Du meine Pappel im roten Kopftuch.* Die Haut wird braun, der Bart wächst. Die Augen leuchten. Reisen wir noch, oder rollt uns die Landschaft entgegen? Würden wir die Beine nicht heben – sie würden uns weggerissen werden!

Wir haben genau Buch geführt: Als wir am 27.05. wieder im Flugzeug nach Australien sitzen, sind wir in knapp zwei Monaten mit 112 verschiedenen Leuten mitgetrampt. Und meine Hoffnung ist, dass ich mich auch in 50 Jahren noch an jede unserer neuseeländischen Trampgeschichten erinnern kann! *Kia ora!*

Schweiß und Schwielen

Das ist der längste Sonnenaufgang meines Lebens! Seit drei Stunden warte ich auf die ersten Strahlen. In Stunde eins war es nur der gewohnte Schimmer, die Sterne begannen zu verblassen. Dann machte sich in Stunde zwei ganz langsam dieses unbestimmte Leuchten breit, wurde heller und heller. Man meint die Sonne hinter dem Horizont schon greifen zu können, doch bis die ersten Strahlen durch den tiefblauen Himmel leuchten, sollte auch Stunde drei noch vergehen. Wir befinden uns im Flugzeug von Auckland nach Sydney. Da wir von Ost nach West fliegen, eilen wir dem Sonnenaufgang sozusagen voraus. Wir reiten auf den Flügeln des neuen Tages, der uns nur ganz, ganz langsam einzuholen beginnt und Wasser und Himmel mit seinem Glanz überzieht. Wie im Psalm.

Nähme ich Flügel der Morgenröte / und bliebe am äußersten Meer,
So würde auch dort deine Hand mich führen / und deine Rechte mich halten.

Smart und gelassen landen wir in der Botany Bay in Sydney. Beim Ausstieg gibt es Ärger, ein deutscher Reisender bekommt beim Anblick der uniformierten Zollbeamten einen Wutanfall, lautstark beginnt er sie als Nazis zu beschimpfen. Doch die Beamten bleiben ruhig, vielleicht verstehen sie ihn auch einfach nicht. Beim Auschecken kommt wieder die Frage nach Obst und sonstigen Lebensmitteln. Doch wir sind gefeit, noch in Auckland hatten wir die Rucksäcke zweimal durchsucht, Zelt und Wanderschuhe geschrubbt. „No, nothing in here!" Die Zollbeamtin winkt uns durch, wir sind angekommen.
Im belebten Flughafengebäude setzen wir uns. Von hier also sollen nun die Kilometer zählen, hier geht unser eigentlicher Overland-Trail los. Sydney – Bad Dürrenberg bzw. Sydney – Naumburg ohne Flugzeug - von Australien nach Deutschland. Seit Maureen und Tony Wheeler, die ersten „klassischen" Overland-Reisenden und Autoren der *yellow bible*, des ersten Reisehandbuches durch Süd-Ost-Asien, 1972 von London nach Sydney reisten, haben so manche Abenteurer die Strapazen dieser Reise auf sich genommen. Damals konnte man noch relativ guten Gewissens über den Iran und Pakistan nach Indien und Nepal reisen, auch Birma / Myanmar war noch passierbar. Über Thailand und Malaysia konnte man dann weiter nach Indonesien kommen. Osttimor war zu der Zeit ein annektiertes und zwangsweise befriedetes indonesisches Territorium, die größte Stadt Dili als Sprungbrett nach Australien einigermaßen gut nutzbar. Heute ist das anders: Osttimor ist nach jahrzehntelangem (Bürger-)Krieg gerade unabhängig geworden und ziemlich unsicher, die Landgrenzen der Militärdiktatur Myanmar sind – zumindest legal – unpassierbar, die Verhältnisse im nahen und mittleren Osten unabsehbar. Pakistan und Indien stehen an der Schwelle eines heißen Krieges, Nepal wird von den Maoisten in einen Bürgerkrieg geführt.

Dafür sind heute die Grenzen Chinas offener, die alte Sowjetunion ist zerfallen. Laos ist zwar stark vermint und kaum erschlossen, doch ansonsten seit Jahren friedlich. Wie also sollen wir fahren? Irgendwie müssen wir in jedem Fall nach Indonesien, wahrscheinlich doch über Osttimor, und dann weiter Richtung Thailand. Und dann? Über Myanmar, Indien, Pakistan, den Iran und die Türkei oder lieber über Thailand, Laos, China und die GUS? Außerstande jetzt eine vernünftige Entscheidung zu treffen, entscheiden wir zumindest, diese Entscheidung auf später zu vertagen.

Dafür drängen sich die tagesaktuellen Fragen hervor: Wollen wir überhaupt direkt nach Sydney hinein, Stadtzentrum, Oper und Harbour Bridge sehen, oder lieber sofort in die freie Natur hinaustrampen? Der Flughafen liegt zum Trampen eigentlich günstig, zudem haben wir nach dem wundervollen Naturereignis Neuseeland eigentlich „null Bock" auf überfüllte Städte. Das Outback, die gewaltige rote Wüste im Landesinnern wäre genau das Richtige. In Sydney leben ja mit ca. 3 Millionen Menschen mehr Einwohner als in ganz Neuseeland! Und arbeiten wollen wir ja auch noch; in der Nähe von Melbourne soll ein großes Agrargebiet liegen, in dem man sich als Erntehelfer einige Dollar für die Reisekasse verdienen könnte. Unschlüssig stehen wir am Informationsschalter, eine alte Frau tritt hinzu, fragt wohin es gehen soll. Als wir beginnen, sie in unsere Überlegungen einzuweihen, fällt sie uns ins Wort: „What a shame! You're in Sydney and you don't want to see the opera?!" Damit ist alles klar. Friederike ergänzt: „Sie hat schon recht. Wenn wir in Sydney waren, ohne die Oper gesehen zu haben, verzeiht uns das meine Mutter nie und nimmer."

Mißmutig stapfen wir zur Bushaltestelle und nehmen einen total überteuerten Bus ins Stadtzentrum. An einer belebten Ecke steigen wir aus, ein vergleichsweise billiges Hostel mit 12-Mann-Schlafsälen ist schnell gefunden. Wir verstauen die Sachen, gehen wieder in die Stadt. Nach 15 Minuten sind wir am Hafen angekommen. Eindrucksvoll wölbt sich die Harbour Bridge über das Gewässer, gegenüber leuchten die weißen Segeldächer der berühmten Oper. Ein alter, verroster Schlepper fährt vorbei, Möwen kreischen. Ein Feuerschlucker schluckt Feuer, ein Jongleur jongliert. Die Skyline Sydneys blitzt im Sonnenlicht. Eigentlich eine schöne, weltoffene, sympathische Stadt. Zumindest wenn man Städte jenseits der drei Millionen mag. Müde fallen wir ins Bett. Immerhin waren wir ja heut morgen noch in Neuseeland!

Am nächsten Morgen sind wir wieder früh wach, fahren mit der S-Bahn zur letzten Station an der Stadtgrenze: *Waterfall*. Die Autobahn nach Melbourne rauscht linkerhand vorbei. Wir verlassen den Bahnhof, laufen über die Autobahnbrücke. Es beginnt zu regnen. Friederike wird auf ein Plakat aufmerksam, wir entziffern die vom Regen verwaschene Schrift. „Hitchhiker missing! Have you seen Verona?" Kalt läuft uns der Regen den Rücken hinunter. Eine Tramperin wird vermisst, die Suche nach ihr wurde vor zwei Wochen eingestellt. Irgendwo auf der Strecke von Sydney nach Melbourne soll sie verschwunden sein

– die dritte in diesem Jahr. Wir blicken uns beunruhigt an, das Achselzucken fällt nicht leicht. „Na, wir wollen's mal trotzdem probieren." Friederike fällt mir ins Wort ein: „Lass uns wenigstens mal ein paar verbindliche Regeln aufstellen. Zum Beispiel trampen wir nie bei zwei und mehr Männern mit, auch wenn sie zuerst sympathisch scheinen!" Gesagt, und sofort akzeptiert. Wir laufen zur Auffahrt. Es regnet.

Eine Stunde später regnet es noch immer. Autos brausen vorbei, wir frieren. Als dann wenig später ein Landrover mit zwei Männern hält, zögern wir nicht lange. Los geht's, und so schnell sind auch die besten Vorsätze verschwunden. Doch das rächt sich, die beiden fahren nur zehn Kilometer bis zur nächsten Ausfahrt. Wieder stehen wir im Regen, wieder kommt niemand. Noch 990 Kilometer bis Melbourne. Bis zum Abend sollte dann auch niemand mehr anhalten. Naß hängt mein Hut im Gesicht, kaltes Wasser im Nacken. Entnervt bauen wir 100 Meter von der Auffahrt entfernt unser nasses Zelt auf, breiten die nassen Schlafsäcke aus. Ich trage eine handtellergroße Spinne aus dem Vorzelt, schütte ein Packung Nudelsuppe in den Topf und lasse ihn mit Wasser von der Zeltleinwand langsam vollregnen. Trampen in Australien – daran müssen wir uns erst noch gewöhnen!

Am nächsten Tag ist alles beim Alten. Es regnet. Sollte Australien nicht eigentlich extrem trocken sein? Und warm? Aller zwei, drei Stunden hält dann ein Auto, nimmt uns für zehn, zwanzig Kilometer mit. Wir verkriechen uns in einer Bushaltestelle, trampen weiter, werden wieder rausgeschmissen und so geht das weiter und weiter. Als wir abends nur gute 100 Kilometer geschafft haben und noch knapp 900 verbleiben, beschließen wir den Nachtbus zu nehmen. Nein, so kann's nicht weitergehen.

Am nächsten Morgen sind wir in Melbourne. Die Sonne scheint. Bei einer Freundin, die wir vom Studium aus Jena kennen, bleiben wir einige Tage, erkunden die Stadt und ruhen uns aus. Im Park hängen Fledermäuse wie schwarze Teersäcke von den Bäumen, es stinkt. Oppossums rennen über die Straße, klettern abends an den Telefonmasten entlang. Sorgfältig untersuchen wir Betten und Klos nach Spinnen, finden hin und wieder welche. Um unser Tramperglück zukünftig zu erzwingen, beschließen wir meinen Bart zu scheren und die Haare abzuschneiden. Lange braune Stränen fallen zu Boden. Der Unterschied ist erschreckend frappierend, ein kleiner Milchbubi strahlt mir im Spiegel entgegen. Jede Schwiegermutter wäre stolz. Zusätzlich erkundigen wir uns nach Arbeitsplätzen, organisieren unsere Arbeitsvisa, telefonieren herum. Ein Gebiet am Murray River, ein Stück nördlich gelegen, bietet sich an, das *Riverland*. Dort soll es große Farmen geben, die Orangen- und Zitronenernte stehe vor der Tür. Ein Hostel in einem Ort namens Berri soll gute Arbeitskontakte vermitteln können. Also schnüren wir wieder die Rucksäcke.

Einen Tramptag später sind wir da. Die Sonne scheint. Ja, das sind alles die neuen Haare! Gelb-bräunlich wälzt sich der träge Murray durchs Tal, ringsum dehnt sich eine rot-grün gefleckte Ebene. Wo Bewässerungsanlagen installiert sind, stehen kleine grüne Zitronen-, Orangen- und Olivenbäume in endlos langen Reihen, unterbrochen von kleineren Höfen und Wirtschaftsanlagen. Trotz der vielen Pflanzungen weht roter Staub durch die Luft; eigentlich ist diese Region ja auch Wüstengebiet, welches erst durch zahllose Bewässerungsanlangen für Agrarwirtschaft nutzbar gemacht werden konnte. Dafür musste der Murray allerdings auch gute 4/5 seines Wassers abgeben! Eine Straußenfarm liegt am Weg, aufgeregt kommen ca. 200 der übermannsgroßen Vögel auf uns zugelaufen. Das cholesterinarme Fleisch der Zukunft! Verschmitzt schauen uns die Vögel aus ihren braunen, femininen Augen an.

Berri selbst scheint in der Mittagshitze zu schlafen. Wir finden das Hostel, checken beim norwegischen Besitzer ein. Die internationale Besetzung beeindruckt uns: Ca. 20 Frauen und Männer, die gemischt aus Finnland, England, Deutschland, Spanien, Neuseeland, Kanada, Taiwan, Japan und natürlich aus Australien selbst kommen. Doch die Stimmung ist schlecht, es gibt keine Arbeit, alle hängen vorm Fernsehr und trinken *beer*. Die Ernte hat noch nicht angefangen. Ein kleines Telefon im Nebenraum klingelt hin und wieder, alle stürzen hin. Arbeit?! Doch die großen Aufträge bleiben aus, mißmutig schlürfen alle zurück. Auf diese traurige Stimmung sind wir nicht vorbereitet, wir beschließen noch einige Tage durchs Land zu trampen und anschließend nochmal vorbei zu schauen.

Also machen wir uns wieder auf, erkunden das menschenleere Südaustralien und die York Peninsula. Ein betrunkener Autofahrer empfiehlt mir die besten australischen Biersorten, ein roter Sandsturm treibt Büsche über die einsamen Straßen. Ein Baum stürzt im Wind zu Boden. An einer Brücke erzählt ein Schild australische Geschichte: „At this site Cp. Sturt had an exciting meeting with natives." An der äußersten, einsamen Spitze der York Peninsula essen wir in einem kleinen *allround-store* eine riesige Portion Pommes, zelten nachts unter wild wehenden Eukalyptusbäumen. Irgendein Tier frißt uns ein Loch in den Zeltboden, im Halbschlaf höre ich es unter meinen Kopf kauen. Irgendwo in dieser menschenleeren Einöde treffen wir einen jungen Mann mit wirren Augen und kleinem Rucksack, pfeifend läuft er die Straße entlang. „Where to go?" Die Antwort kommt prompt, er wandere einmal rund um Australien, ernähre sich dabei nur von Pillen. Schon ist er weiter, langsam sehen wir ihn am Horizont verschwinden. Fußsohlen aus Wind...

Drei dicke Asiaten (Türken? Iraner?) mit ausländischem (d.h. nicht-australischem) Akzent nehmen uns mit, der Fahrer stellt sich als reicher Plantagenbesitzer vor. Er hat Arbeit für uns. Wir sollen sofort mit ihm auf seine Farm kommen. Die anderen beiden Männer im Auto stellt er als seine „Bodyguards" vor. Doch irgendwie haben wir ein komisches Gefühl, relativ finster tuscheln die drei dicken Männer miteinander. Als dann der Fahrer telefoniert und kurz darauf ein anderes Auto heranfährt, in dem vier zusätzliche Männer sitzen („My Brother!"), schwant uns Übles. Die Männer in den Autos tauschen Handzeichen, donnern über die einsamen Straßen. Friederike fasst mich an. „Wir müssen hier raus." Sie beginnt, so gut es eben geht, einen Übelkeitsanfall zu imitieren, ich rufe „Stop!" Der Wagen hält, mitsamt unseren Sachen steigen wir aus – oder lassen uns besser halb auf die Straße fallen. Friederike blieb liegen. Da stoppt auch schon ein Truckfahrer, kommt besorgt und neugierig, die drei dicken Asiaten aus unserem Auto stehen unschlüssig herum. Das andere Auto mit dem „Bruder" ist verschwunden. Wir entschuldigen uns für die Unannehmlichkeiten; manchmal wird uns beim Autofahren doch so übel, dann müssten wir eine halbe Stunde ausruhen! Der Fahrer unseres Wagens schreibt mir schließlich eine Telefonnummer auf, bietet bei zukünftigen Problemen seine Hilfe an. Falls wir später noch hier stehen sollten, soll ich anrufen, er komme dann, um uns abzuholen. Sie fahren weiter. Auch der Truck fährt los. Puh!

Uns zittern die Knie. Das war wirklich eine uneindeutige Situation. Als wir nach einigen Minuten wieder die Daumen in den Wind halten, wollen wir eigentlich nur schnell weiter. Minuten später hält eine junge blonde Frau, fährt uns bis nach Berri direkt vors Hostel. Müde stampfen wir hinein, melden uns an, fragen nach Arbeit. Noch immer nichts. Am nächsten Morgen weckt mich Friederike mit Kuchen. Mein 23. Geburtstag! Freudig hebe ich mir ein Stück Torte auf den Teller, da kommt ein junger Deutscher durch die Tür gerannt. Arbeit!!! Wir lassen die Löffel im Kuchen stecken, ziehen uns um. Mit Hut, Handschuhen und großen, vor den Bauch geschnallten Taschen fahren wir zu einer Orangenplantage. Dort stehen schon große Kisten bereit, breite Leitern lehnen an den runden Bäumen. Traktoren fahren umher. Die Ernte hat begonnen! Freudig stürzen wir uns auf die Früchte.

In den nächsten fünf Wochen sollten wir schließlich so ziemlich alles ernten, was im *Riverland* wächst. Wir pflücken Orangen, Zitronen, Mandarinen. Ein Inder bietet uns Arbeit auf seiner Weinplantage an, wir sollen die Weinstöcke verschneiden. Mit nicht-endenden Blasen an den Händen beschneiden wir endlose Reihen. Dann feuert er uns, wir seien zu langsam. Dafür kommen zwei junge Italiener, wir können bei der Olivenernte helfen. Mit einem Stock schlage ich die grün-gelben Früchte von den Bäumen, Friederike rafft die öligen Früchte in großen Netzen zusammen. Schweiß läuft. Ein alter Italiener erzählt von Neapel, ich lege mir einige Oliven mit Knoblauch und Pfefferschoten ein. Ein griechischer Arzt ruft im Hostel an, fragt nach Aushilfe im Garten. Wir fahren hin, legen einen kleinen Teich an, schaufeln Unmengen von Erde. Einen geschlagenen Tag lang jäte ich Unkraut, bekomme für die unangenehmste aller Arbeiten sogar einen „Extrabonus". Abends trinken wir literweise selbstgepressten Orangen- und Mandarinensaft, fallen müde ins Bett. Früh geht es wieder los, die Körbe und Kisten füllen sich. Harte Arbeit, gutes Geld. Ein einfaches, glückliches Leben. Auf den Anhängern der Traktoren singen wir abends alte Volkslieder; die Kanadier kanadische, die Engländer englische, und wir deutsche.

Es dunkelt schon in der Heide,
Nach Hause lasst uns gehn.
Wir haben das Korn geschnitten,
Mit unserm blanken Schwert.

Ich hört die Sichel rauschen,
Sie rauschte durch das Korn.
Ich hört mein Feinslieb Klage,
Sie hätt ihr Lieb verlorn.

Hast du dein Lieb verloren,
So hab ich auch dich mein.
Des wollen wir beide zusammen,
Uns winden ein Kränzlein.

Ein Kränzelein von Rosen,
Ein Kränzelein von Klee.
Wir beide wir müssen nun scheiden,
Und Scheiden, das tut weh.

An einem Sonnabend Abend fragt uns Wiggo, unser philosopisch-esoterisch-religiös-spirituell interessierter norwegischer Wirt, ob wir zu einem besonderem „spiritual event" mitkommen wollen. Wir sagen neugierig „Yes!", steigen in seinen alten VW-Bus. Er fährt an den Rand des bewässerten Gebietes, stoppt bei einer kleinen Farm. Wir laufen in einen Eukalyptuswald, treffen plötzlich eine Gruppe von ca. 15 australischen Frauen und Männern unterschiedlichen Alters. Ein Feuer lodert in der Mitte eines festgestampften Erdkreises, große schwarze Steine liegen in den Flammen. Ein kleines Zelt aus Häuten und Filz steht am Rand. Es wird dunkel, hell leuchtet der Vollmond durch den lichten Wald.
Wiggo klärt uns auf. Die Frauen und Männer sind Freunde, Bekannte. Das Zelt ist eine Schwitzhütte, in der – angelehnt an alte indianische Traditionen – alle vier Wochen „Sessions" gehalten werden. Dabei würden in einem bestimmten Rhythmus Lavasteine aus dem Feuer in das dunkle Innere getragen, alles weitere würde sich von selbst erklären. Wir können jederzeit – wenn es uns zu heiß wird – vor Ende der „Sitzung" hinausgehen, müssen allerdings wegen den „spirituellen Strömungen" immer im Uhrzeigersinn um die Lavabrocken herum gehen und dürften auch nicht mehr zurückkommen. Und keinesfalls aufstehen! Die Hitze im oberen Zelt ist gefährlich, so dass schon Leute ohnmächtig wurden und auf die glühenden Lavabrocken fielen. Er schaut uns fragend an. Alles klar? Ach, und noch eines: Man geht selbstverständlich nackt. „Yes, Wiggo, everything clear."

Um uns beginnen sich die Leute zu entkleiden, verschwinden nacheinander in dem kleinen Zelt. Auch wir legen unsere Sachen ab, folgen Wiggo zum Eingang. Er schlägt die Tür aus dickem Schaffell auf, verschwindet auf allen Vieren in der warmen Dunkelheit. Wir kriechen hinterher, feuchte Luft empfängt uns. Ein letzter Widerschein vom Feuer, dann ist alles dunkel – stockdunkel.

- - -

Und still. Erstmal passiert gar nichts. Dann ruft eine alte, ruhige, männliche Stimme vom Eingang: „Firekeeper! Open the gates!" Die Tür öffnet sich, ein Mann schiebt auf einer Schaufel einen rot-glühenden Lavabrocken ins Innere. Die Tür schließt sich, Sandkörner verglühen im roten Schimmer.

„This is the first gate, the gate of the anchestors."
  („Das ist das erste Tor, das Tor der Ahnen.")

Die alte, ruhige Stimme klingt durch den Raum. Sie erzählt einiges, stimmt ein kurzes Lied an. Einige Stimmen folgen, Gesang erfüllt den Raum. Eine Frau erzählt etwas. Ich habe sämtliche Texte vergessen. Die Hitze steigt, eine eigene Stimmung erfasst den Raum. Nach ca. 15 Minuten werden neue Steine ins Innere geschoben, Sandkörner verglühen im roten Schimmer. Dampf steigt auf. Dann ist es wieder dunkel.

„This is the second gate, the gate of..."

Indianischer Gesang klingt durch die Hütte. Friederike erzählt etwas. Dann wieder der alte Mann. Wie eine zweite Haut legt sich heißer Schweiß auf meinen Körper, ich fühle mich leicht. Heiße Tropfen fallen in die Dunkelheit. Nach weiteren 15 Minuten werden wieder neue Steine ins Innere geschoben, Sandkörner verglühen im roten Schimmer. Ein altes Gesicht leuchtet kurz auf.

„This is the third gate, the gate of..."

Ich zerfließe im Schweiß. „Ihr dürft nicht mehr leben, wie die Heiden leben in der Nichtigkeit ihres Sinnes. Ihr Verstand ist verfinstert, und sie sind entfremdet dem Leben, das aus Gott ist, durch die Unwissenheit, die in ihnen ist, und durch die Verstockung ihres Herzens... Legt von euch ab den alten Menschen mit seinem früheren Wandel, der sich durch trügerische Begierden zugrunde richtet. Erneuert euch aber in eurem Geist und Sinn und zieht den neuen Menschen an, der nach Gott geschaffen ist in wahrer Gerechtigkeit und Heiligkeit." Der Feuerwächter öffnet die Tür, schiebt immer neue Steine herein. Sandkörner verglühen im roten Schimmer.

„This is the last gate, the gate of...“

Am Ende blieb nur noch Schweigen. Die unendliche Hitze war kaum noch spür-
bar, irgendwann öffnete sich die Tür. Nacheinander krochen wir auf allen Vieren
ins Freie, eine mondbestrahlte Lichtung mitten im australischen Nirgendwo. Der
„Firekeeper“ begoß uns mit Wasser, langsam tauschten Geist und Verstand ihre
Rollen zurück. Well, das war ein „spiritual event“ der Sonderklasse!

Das schwarze Band der Zivilisation

Unsere fünf Wochen in Berri waren ein guter Stop-Over. Wir haben einigermaßen gutes Geld verdient, nette Menschen getroffen und waren mal wieder länger an einem Ort. Das tat gut. Ein wenig ist es schon wie Heimat, wenn einen der Postmann und die Frau an der Supermarktkasse kennen!
Doch bis nach Hause sind es noch immer gute 30.000 Kilometer. Am 7. Juli stehen wir so wieder an der Straße, ein englisches Paar nimmt uns mit. Über Adelaide, eine große Stadt im Süden Australiens, soll es zuerst per Bus, dann wieder mit Trampen ins Zentrum des alten Kontinents gehen; vor allem zum mächtigen Uluru / Ayers Rock und nach Alice Springs, der berühmten Stadt im roten Herz. Dort können wir dann weiter nach Trampgelegenheiten Ausschau halten, die uns in den subtropischen Norden in eine Stadt namens Darwin mitnehmen würden. Und dort, so hoffen wir, werden wir irgendein Boot finden, dass nach Osttimor, Indonesien (vielleicht Bali), oder sogar Indien oder Malaysia segelt – Dieser Sprung vom australischen Festland auf die süd-ost-asiatische Inselwelt mit ihrer reichhaltigen Fähranbindung ist ein heikler Punkt in unserer Overland-Planung, denn öffentliches und offizielles Verkehrsmittel von Australien nach Asien ist eigentlich einzig das Flugzeug. Fähren existieren nicht, die Entfernung über die Arafurasee oder die Straße von Timor ist zu groß. Die Australier haben wahrscheinlich auch einfach zu große Angst, dass mit einem Schlag „halb Indonesien" illegal bei ihnen einreist. Ich erinnere mich an die „Geschichte", als vor einigen Monaten ein vollbesetztes Schiff mit Flüchtlingen von den Philippinen in australischen Hoheitsgewässern strandete und sich die Australier beharrlich weigerten, die seenotgefährdeten Insassen an Land zu bringen. Neuseeland hat sich nach Wochen schließlich erbarmt, doch das Ansehen Australiens war durch diese Aktion weltweit nicht gerade gestiegen.
Doch zuerst einmal nach Darwin! Ein Schild zeigt die Entfernung: 2.980 Kilometer, die letzten Vororte Adelaides rollen vor den Busfenstern vorbei. Von nun an fahren wir auf dem berühmten Stuart-Highway, dem endlosen schwarzen Strich Zivilisation, der Adelaide und Darwin, gemäßigten Süden und subtropischen Norden über 3.000 Kilometer unwegsame Wüste verbindet. Zuerst sieht alles noch bekannt aus, bewässerte Farmgebiete mit zahllosen Bäumen reihen sich aneinander. Dann passieren wir Port Augusta, die letzte größere Stadt. Ein gelbes Straßenschild warnt: „Arid Zone", und von nun an fällt der Blick ins Leere. Eine endlose, trockene, tödliche Ebene streckt sich bis zum Horizont. Der Blick eilt über sie hinweg, hat keinen Anhaltspunkt, keine Orientierungsmarke. Salz glitzert in der untergehenden Sonne. Irgendwo in dieser wüsten Einöde testet die Regierung (unterirdisch) Atomwaffen, Gerüchte über Fehlgeburten bei Aborigines laufen im Bus umher. Wir sind schockiert und zugleich zutiefst beeindruckt, doch damit sollte unser Flirt mit dieser tödlichen Weite kaum über das erste Augenzwinkern hinaus gelangt sein.

Nach endlos scheinenden Kilometern auf der kurvenlosen Straße wird es schließlich Nacht, glasklar und unendlich weit wölbt sich das Firnament. Intensiv strahlen die Sterne in der wolkenlosen Nacht. Alle zwanzig Minuten kommt ein Auto entgegen, gibt Lichthupe. Unser Bus überfährt ein Känguruh, eines von vielen Hunderten, die am Straßenrand liegen. Kein Grund anzuhalten. Langsam fallen uns die Augen zu.

Am nächsten Morgen, ca. 600 Kilometer später, erreichen wir Cooper Pedy. Das skurile kleine Städtchen liegt in einer unwillkürlichen Mondlandschaft; Krater, Steinhalden, Abraumfelder wechseln sich ab. Hier werden Opale abgebaut, diese Wüstenei im trockenen Südaustralien ist weltweit die führende Förderstelle. Große, bärtige, von Sonne und Wind gegerbte Männer kommen uns entgegen, alte Fördergerätschaften rosten im Wüstenwind. Zum erstenmal sehen wir auch Aborigines. Die ehemals so freien Ureinwohner sitzen auf Gehsteigen, fragen nach „Alc" und Zigaretten. In dieses Treiben mischen sich zahllose Touristen, Japaner, Europäer, aber vor allem auch Australier, die der Enge der europäisierten Küstenstädte entfliehen und im roten Herz noch ein wenig vom „original Australia" erleben wollen. Wir werden auf zahlreiche Wohnungen aufmerksam, die teilweise oder ganz in Erde oder Fels eingebaut sind. Dunkel ragen glaslose Fenster aus dem Stein, Belüftungsklappen kommen aus der Erde. In diesen Wohnungen lassen sich die extremen Temperaturen der heißen Tage ebenso wie die frostigen Nächte gut verbringen; und manch einer hat beim Ausschachten seines Wohnzimmers schon das große, rötlich-schimmernde Glück gefunden. Langsam lassen wir uns durch dieses „Goldgräberstädtchen" treiben, besichtigen eine stillgelegte Mine und eine unterirdische Kirche. Zwei trockene Holzstämme formen ein eindrucksvolles Kreuz. Was wird sein, wenn eines Tages die Opale ausbleiben? Nun, dann wird Cooper Pedy schnell eingehen, und vielleicht ist das auch gar nicht so schlimm. Die Menschen werden dem großen Glück an anderen Orten nachjagen; und einzig der Wind wird über die leeren Halden streichen und von Menschen erzählen, die in dieser Wüste das getan haben, was Menschen immer tun: Leben, hoffen, arbeiten und lieben. Cooper Pedy wird sicher vergehen, doch die Hoffnung wird bleiben.

Am nächsten Morgen stehen wir wieder an der Straße. Noch gute sechs Stunden dauert es auf dem Stuart Highway bis zur Abfahrt zum Uluru / Ayers Rock, dann sind es nochmal zwei Stunden auf dem Lassater Highway. Acht Stunden, und die einzige Kurve wird wohl bei der Abfahrt zum „Rock" gelegen haben. Die Fahrt verläuft entspannt, trampen geht in einer solchen Landschaft erstaunlich gut: Wenn wir erstmal jemanden gefunden haben, dann nimmt er uns auch immer gleich für gute 300 Kilometer mit. Meistens fragen wir jetzt an den Tankstellen nach, treffen so schnell Touristen, die uns mitnehmen wollen. Endlos rollen die weißen Mittelstreifen, dehnt sich der Asphalt. Hin und wieder kreuzen Kamele die Fahrbahn, gelbes Wüstengras macht sich breit. Dazwischen beginnt die Erde in jenem tiefroten Farbton zu leuchten, der so typisch für Australien ist.

Einzelne Buschfeuer brennen in der topfebenen Landschaft. In windlosen Momenten scheint der Rauch bis ins Weltall zu steigen.

Plötzlich liegt ein riesenroter Felsklotz im topfebenen Land. Uluru, wie ihn die Ureinwohner nennen, oder der Ayers Rock. Langsam fahren wir heran, der rote Sandstein beginnt in der untergehenden Sonne zu glühen. Das rote Herz, das Zentrum Australiens! Hier ist das Land der „Traumzeit", hier gehen immer noch die Götter, Helden und Ahnen der Aborigines umher und singen auf ihren Wegen die Welt ins Dasein. Wir halten, schauen die Felswand empor. Trotz aller Touristenströme, trotz aller Straßen und Hotels: Am rotleuchtenden Uluru bekommt man einen ersten Einblick ins alte Australien.

Allerdings auch in die Probleme zwischen „alt" und „neu". Wir zelten an einem naheliegenden Zeltplatz, fahren am nächsten Morgen wieder zum „Rock". Obwohl die Sonne gerade erst aufgeht, wälzt sich ein endloser „Ameisenstrom" auf dem rauhen Sandstein entlang nach oben, ein Stahlseil sichert gefährliche Stellen. Unbekümmert steigen Menschen aller Nationen nach oben, kein Schild warnt vor nichts. Etwas irritiert bleiben wir am Fuß des Berges stehen. Ich erinnere mich an meinen Geographieunterricht, ca. 7. Klasse, Frau Meyer, Novalis-Gymnasium Bad Dürrenberg: War die Besteigung des „Rock" nicht immer ein riesiges Problem, forderten die Aborigines nicht ein absolutes Gehverbot auf „ihrem heiligen Berg"? Und ist es nicht irgendwie mit einem Sprung auf eine katholische Kanzel zu vergleichen? Wir beschließen, auf die Besteigung zu verzichten, wandern stattdessen am Fuß des Berges entlang. Ein Wasserloch liegt am Rand einer tief eingeschnittenen Schlucht, Eukalyptusbäume wehen im Wind. Hier stehen plötzlich zahlreiche Schilder, verweisen auf den heiligen Charakter des Berges und verbieten an vielen Stellen sogar unter Androhung hoher Strafen, Photos zu schießen. Langsam beginnen wir die Heuchelei der zuständigen Touristenbehörde zu ahnen: Überall stehen Schilder, nur an der EINEN entscheidenden Stelle nicht! Nun, auf die harten Devisen scheint auch hier keinen verzichten zu wollen.

Wir trampen weiter zu den Kata Tjuta / Olgas, einer weiteren riesigen Gesteinsansammlung im topfebenen Land. An einem extrem heißen Nachmittag treffen wir mitten in dieser rotglühenden Felslandschaft einen Dresdner, wechseln einige freundliche Worte. Schön, einen einigermaßen vertrauten Akzent zu hören!

Einen Tag später erreichen wir dann Alice Springs, die größte Stadt im Outback. Wir schlagen unser Zelt auf einem kleinen Zeltplatz („the Wintersun"!) auf, erkunden die Umgebung. Die Normalität der Kleinstadt überrascht uns; Supermärkte, fließendes Wasser, saubere Gehsteige. Dabei liegt das Outback wortwörtlich nur einen Steinwurf entfernt, dehnt sich hinter den grünen Gärten die endlos rote Wüste! Wir ersteigen einen Hügel im Stadtinneren, genießen schließlich schweißtropfend einen eindrucksvollen Blick über diese ungewöhnliche Insel der Zivilisation. Zahllose Buschfeuer brennen am Horizont. Es ist kein Wunder, dass die Engländer das Innere dieses weiten Landes so lange nicht erschlossen haben, vorzugsweise an den Küsten siedelten und den Stuart-Highway, die einzige Verbindung zwischen Nord und Süd quer über den Kontinent, erst im 2. Weltkrieg fertig bauten. Dieses Land kann Angst machen; seine ungeheure Weite fordert heraus. Nackt liegen die uralten, roten Steine in der brennenden Sonne. Die Engländer kamen von einer relativ begrenzten Insel. Wie wäre die Besiedlung Australiens wohl mit Russen, Slaven, sogar Deutschen verlaufen; Völkern, denen die weiten Horizonte vertraut sind?

Trotz aller äußeren Normalität schlägt sich die Wüste in den Herzen nieder - das sieht man nicht zuletzt an Festen. Am zweiten Tag unseres Stopps in Alice Springs stolpern wir über eine *cerebrelity* der besonderen Art: Der „Camel Cup" ist los! Schon von weitem hören wir die aufgeregte Menschenmenge, Wetten werden abgeschlossen, Bier in großen Humpen gereicht. Bärtige, große Männer drängeln sich durcheinander, Aborigines laufen halbnackt umher. Verkäufer, Zauberer, Diebe versuchen ihr Geschäft zu machen. Langsam arbeiten wir uns zum Zentrum des Gewusels, einer großen Rennbahn durch, da ertönt auch schon der Startschuß. Und nun sehen wir sie endlich: 12 Kamele mit jeweiligem Jockey rennen auf der Aschenbahn - und nur der Sieg zählt! Die Menge tobt. Staub wirbelt auf, das Hauptfeld zieht an uns vorbei. Ein Kamel steht indessen noch am Start und versucht seinen Reiter abzuwerfen, ein anderes der höchst eigenwilligen Tiere läuft in die entgegengesetzte Richtung, den hilflosen Jockey auf dem Rücken. Helfer holen es vom Platz, das Feld zieht wieder vorbei. Ein Kamel beginnt zu bocken, bleibt stehen, beißt die Helfer. Und wieder eines weniger. Die Menge johlt, klatscht, lacht, tobt, trinkt. Und wieder ziehen die Kamele vorbei. Als es schließlich Abend werden sollte, hatten wir einen wunderbaren Tag. Müde und einigermaßen beschwipst fallen wir in die Schlafsäcke.

Am nächsten Morgen bleibt Schädelbrummen. Langsam müssen wir uns auch wieder aufmachen, der subtropische Norden und nicht zuletzt die Heimat warten. 1.500 Kilometer sind es noch immer bis Darwin, zwei Tage auf dem „Track", zwei größere Dörfer liegen dazwischen. Sollen wir wieder „Tankstellentrampen"? Friederike weiß eine neue Idee: Sie malt uns Schilder („Wanted: Lift to Darwin"), die wir uns auf den Rücken kleben. Derartig ausgerüstet ziehen wir nun nochmals durch Alice, laufen wie zufällig an den Hostels, Tankstellen und Touristenläden der Todd Street vorbei. Nach gut zwei Stunden dann der Erfolg: Ein kleiner Mann Ende zwanzig spricht uns an, er könne uns am nächsten Morgen mitnehmen. Ja! Bei einem Kaffee klären wir die Einzelheiten: Grant, so sein Name, ist Architekt, kommt aus Darwin und hat hier in Alice Urlaub gemacht. Auf der Rückfahrt müsste er noch kurz in einem Projekt vorbeischauen, in einem „Camp", das er für Aborigines entworfen hat. Ansonsten würde die Fahrt zwei geschlagene Tage dauern, übernachten würden wir an den „Devil's Marbels", einer weiteren eindrucksvollen Gesteinsformation. Zudem würden wir uns in Fahren und Benzingeld teilen. Ideale Voraussetzungen also!

Pünktlich am nächsten Morgen steht Grants riesiger, klimatisierter Offroad-4wheel-drive-Jeep vor dem Eingang des Zeltplatzes. Ein wahres Ungetüm! Hin- und hergerissen zwischen Begeisterung und Ehrerbietung beladen wir das Monster. Ein riesiger Kühlerschutz verspricht Stärke beim Zusammenstoß mit Känguruhs. Grant lächelt, geht noch eben ein paar Bier kaufen. Bei einem so kleinen Mann hatten wir irgendwie ein anderes Auto vermutet. Doch warum nicht! Wenig später sind wir auf der Straße, Alice verschwindet in den Rückspiegeln. Entgegenkommende Autofahrer geben Lichthupe, sie wünschen uns alles Gute und sind zugleich froh, selbst angekommen zu sein. Wir passieren die MacDonnell-Ranges, eine kleine, verwitterte Bergkette. Dann ist wieder alles flach. Nach einer halben Stunde dann ein Schild: „You're passing the tropic of cancer!" Der Wendekreis des Krebses, willkommen also in den Tropen, den Tropen mit ihren so typischen Reiseproblemen wie Malaria, Dengue-Fieber, Durchfall, Überfall, Unfall – die ärmsten Länder auf unserer Reiseroute liegen in diesen Tropen, die wir gerade betreten. Wie wird es uns wohl gehen, wenn wir sie am nördlichen Rand wieder verlassen?

Grant muss pinkeln, wir stoppen. Auch ich gehe kurz in die andere Richtung, verschwinde im „Bush". Endlos dehnt sich die rote Ebene. Ich schaue mich um, wieder und wieder. Roter Sand unter den Füßen. Ein leichter Wind weht. Da wird es mir deutlich: Sand bewahrt keine Spuren. Im Outback ist alles immer gleich, ohne Grenzen in Raum und Zeit. Endlos, ewig. Wenige Sekunden später bin ich wieder beim Auto, bin froh, wieder Teer unter den Füßen zu haben. Dieser dünne, schwarze Strich im Nirgendwo: Das ist zerbrechliches Leben, das ist ein Hauch von Zivilisation. Das ist das einzige, was die Großstädte des Süd-Ostens (Adelaide, Melbourne, Sydney) mit den wilden Wüsten- und Küstenregionen des Northern Teritory verbindet. Gäbe es wohl ein einheitliches Australien, ohne diese Straße?

Grant würde gern das Lenkrad abgeben, ich soll fahren. Nun gut. Noch etwas unsicher rolle ich auf die zweispurige Straße, ordne mich auf links ein. Doch da es immer nur geradeaus geht, läuft es auch im australischen Linksverkehr problemlos. Dann erreichen wir einen „Road-Train", einen der legendären Trucks des Outback. Nur hier, auf dieser Strecke, haben die Trucks die Sondergenehmigung, noch einen dritten und sogar vierten Anhänger dazu zu hängen. Gefährte von fast 100 Metern Länge entstehen so, die bei voller Geschwindigkeit fast einen Kilometer zum Abbremsen benötigen. Ich blinke, gehe auf die Gegenfahrbahn. Langsam ziehen wir vorbei, Steine spritzen zur Seite, riesige Reifen vibrieren neben unseren Fenstern. Eine gute Minute später sind wir vorbei. Nur gut, dass die Fahrbahn ca. 30 Kilometer weit einzusehen ist!

Am frühen Nachmittag erreichen wir die Aborigine-Siedlung, stoppen auf einer gelben Wiese. Wäsche hängt schlaff im Wind, abgemagerte Hunde laufen umher. Unter einer gespannten Plastikplane dösen einige Aborigine in der drückenden Hitze. Grant nimmt sich Zeit, erklärt uns den Komplex aus ca. 40 Hütten –

und seine Probleme. Die gingen schon kurz nach der Fertigstellung los: Die Regierung hatte die Siedlung vor einigen Jahren gesponsert um die Häuser obdachlosen Aborigine zur Verfügung zu stellen, welche somit zugleich an einen festen Wohnsitz gewöhnt werden sollten. Schule und medizinische Versorgung waren im nahen Dorf zu erreichen. Doch die Aborigine nahmen diese Vorgaben nicht so einfach an, ließen sich schwer bewegen, in die Häuser zu ziehen und blieben zumeist nur kurz. Andere folgten auf kurze Zeit nach, eine geregelte Erfassung (einhergehend mit Einschulung, medizinische Versorgung usw.) blieb so schwierig. Manche Aborigine leben zwar dauerhaft auf dem Gelände, doch zumeist einfach unter Plastikplanen in der freien Natur. Zudem entfalten die ehemaligen Nomaden in den vier engen Wänden offensichtlich eine ungeheure Aggressivität; Handgreiflichkeiten und Messerstecherein seien relativ häufig, ständig gäbe es Beschädigungen an Mobiliar und sanitären Einrichtungen. Um Schaden an Menschen und Häusern zu mindern, musste die Regierung umbauen: Zahlreiche zusätzliche Türen wurden als Fluchtwege installiert, bruchfestes Plastik anstelle von Fensterglas verwendet, Bad und Dusche mit effizienten Abfließvorrichtungen versehen. Das alles war Grants Aufgabe, und er hofft, dass von nun an das Zusammenleben „Aborigine – Haus" etwas harmonischer verläuft. Aber ob die ehemaligen stolzen Nomaden sein Angebot annehmen werden, wird sich erst in den nächsten Monaten entscheiden.

Unsicher zuckt er die Achseln. Um die Aborigine „western civilised" zu machen, müsse sicher noch viel mehr getan werden. Aber warum sollten wir ihnen auch so ohne weiteres „our white culture" überstülpen? Ein trauriger Klang schleicht sich in seine Stimme; er erzählt von der leidvollen Geschichte der alten Aborigine-Stämme, ihrer Zurückdrängung in die abgelegensten Wüstengebiete, ihrer Versklavung, der nicht enden wollenden Bevormundung durch die Weißen. Anders als in Neuseeland gab es hier nichtmal einen großen Krieg, einen organisierten Widerstand gegen die weiße Landnahme! Er erzählt vom Raub ihrer Kinder, die in weißen Schulen westliche Lebensart lernen sollten, und von den großen Ghettos, in denen heute die Nachfahren der Jäger und Sammler mit Alkohol und Drogen vegetieren. Die nächsten Unruhen, so sagt er ahnungsvoll, sind vorprogrammiert.

Bedrückt steigen wir wieder ins Auto. Einige große, braune Augen schauen uns nach, dann sind wir wieder auf dem „Track". Wir passieren eine schnurgerade Schneise aus roter, aufgebrochener, verwundeter Erde - die neue Eisenbahnstrecke von Alice nach Darwin, die letzte große Ingenieurleistung des Kontinents. Grant murmelt grantig vor sich hin. „And again: New white culture!" Abends erreichen wir dann die „Devil's Marbels", die „Murmeln des Teufels". Hausgroße Kugeln aus rotem Sandstein liegen in der Ebene zerstreut, in der untergehenden Sonne beginnen sie lange Schatten zu werfen. Wie Fesselballons hängen Eukalyptusbäume im beginnenden Dämmerlicht. Der Teufel selbst hat hier Murmeln gespielt, erklärt unser neuer australischer Freund und macht sich ein kaltes Bier auf. Ich halte mit, dann bereiten wir das Abendessen und bauen unsere Zelte neben dem Wohnwagen eines englischen Paares auf. Langsam versinkt die Sonne am Horizont. Die Engländer haben ein Grammophon mitgebracht… und leise verklingen alte Schnulzen in der klaren Nacht.

Nachts wache ich auf. Grillen zirpen. Direkt neben der Zeltleinwand beginnt das Outback, ich kann es fast im Blut spüren. Die Wüste. Wieder drängt die Frage nach dem Sinn des Reisens hervor. „Endlos" und „ewig" sind die Wörter zur Beschreibung Australiens, endlos und ewig scheinen die roten Sanddünen. Wozu? Wozu da hindurch? Im heiteren, kleinen, beschaulichen Neuseeland war diese Frage gut zugedeckt. In der Wüste kommt sie wieder, die Wüste wirft mich auf mich zurück. Ich muß an den Abschied in Bad Dürrenberg denken, an die Heimat. Wie war das doch mit dem Hirtenjungen Joringel aus dem alten grimm'schen Märchen? Auch er war ein Reisender; doch ein Reisender mit Ziel.

Seit ich von der Blume träumte
- Rot wie Blut, im Taugeschmeide,
Ließ ich Hirtenstab und Weide,
Trieb es mich gen Osten fort.
Wenn das Frühlicht Wolken säumte,
Hob ich mich im goldnen Strahle,
Stieg zum Gipfel, sucht' im Tale
Nach dem tiefverschwiegnen Ort.

Forscht' im Norden, schweift' im Süden:
Sah die Gärten üppig blühend, -
Duft-verströmend, Farben-glühend
Blumen, die den Sinn berückt.
Wollte oft der Fuß ermüden,
Fand ich doch die Eine nimmer
- Rot wie Blut, im Perlenschimmer,
Die den Träumer sanft entzückt.

Wandernd nach dem Heiligtume,
Oft erlahmt, doch neu beflügelt,
Streng geläutert, mild gezügelt –
Stiller ward des Blutes Lauf...
Kam ein Morgen: sieh, die Blume
Taugekrönt am reinsten Orte –
Und ich brach sie! Jede Pforte
Sprang vor ihrem Zauber auf.

Joringels Blume ist natürlich ein Bild. Wofür steht sie? Was hat er gesucht, was hat er gefunden? Ich kenne es von Freunden aus Leipzig, Dessau, Jena: Kaum einer, der aufgebrochen ist, kommt von seinen Reisen entspannt, glücklich, geläutert zurück. Hat er einmal Reisestaub geschluckt, wird er immer wieder aufbrechen. Er muss, denn er sucht. Er sucht, denn er hat noch nicht gefunden. Er findet nicht – weil er nicht weiß, was er sucht. Doch sie alle wissen: Auf den (N)Ostlagiewellen zwischen Zittau und Stralsund können wir nicht in die Zukunft segeln. Joringel sucht seine Blume. Der Pilger will nach Santiago. Wohin wollen wir? Ist das ganze Leben ein endloses Suchen danach, dem Ausdruck zu geben, was wir ohnehin schon in uns tragen? Nur langsam schlafe ich wieder ein...

Am nächsten Morgen gibt es eine willkommene Überraschung: Grant bietet uns an, für die Zeit unserer „Bootssuche" in seiner Wohnung in Darwin zu schlafen. „Best adress" fügt er schmunzelnd hinzu: Die Wohnung sei an der Esplanade in Darwin, direkt am Meer. Begeistert stimmen wir zu. Na klar! Und schon ist das Auto wieder gepackt. „Haben wir alles? – Dann können wir ja!" Und auf dem „Track" rasen wieder die Kilometer vorbei. Die Landschaft wird zunehmend grüner, Palmen sprießen auf, kleine Flüsse beginnen sich durch morastiges Land zu schlängeln. An einem kleinen Wäldchen stoppen wir, Grant führt uns zu einer Quelle. Glasklares Wasser bricht zwischen Palmen hervor, sammelt sich in einem kleinen Teich. Was für ein Wunder nach 2.000 Kilometern Wüste! Einige Touristen planschen im Wasser. Auch wir wollen die Sachen ausziehen, doch Grant hält uns zurück: „Crocodiles!" Wir schauen uns um, einige Meter entfernt steht ein großes Schild: „Caution! This Water may be inhabited by crocodiles!" Unsicher blicke ich zu den Badenden, will ihnen eine Warnung zurufen, doch Grant hat in seinem breiten australischen Slang die passende Antwort schon parat: „Stup' Tourist! They`ll be a good crocdiles dinner!"

- - -

Spätabends rollen wir in Darwin ein. Die Lichter der Stadt leuchten im klaren Himmel, es riecht nach Meer. Unser Tor nach Asien! Plötzlich macht die Straße eine Kurve, ein Schild informiert: „End of the Stuart Highway". Vor uns leuchtet eine Wassermasse im sanften Mondlicht: Das Meer. Nach über 3.000 Kilometern durch das Outback sind wir angekommen. Grant bringt uns zu seiner Wohnung, von seinen Vermietern erhalten wir einen eigenen Schlüssel. Müde fallen wir ins Bett.

Am nächsten Morgen wird uns schnell klar, warum Grant gern Besuch hat: Seine Wohnung ist ein ungeheurer Saustall. Im Küchenbecken des Junggesellen vergammeln Abfallreste, der Kühlschrank verliert grünes Wasser, das Bad stinkt. Grant winkt, er muß zur Arbeit. Mit einem fröhlichen Seufzer machen auch wir uns an die Arbeit, werten seine Einladung als heimliche Abmachung. Putzzeug ist genügend vorhanden. Am frühen Nachmittag sind wir fertig, genießen einen Kaffee auf Grants Terasse mit ihrem wundervollen Blick über die Esplanade und das Meer. Weit draußen segelt ein großer Schoner vorbei, hält Kurs auf Melville Island. Dann machen wir uns auf in die Stadt. Die präsentiert sich sehr offen und lebensfroh, überall sind „Backpacker", „Asiens" (vorzugsweise Chinesen), „Kiwis" (Neuseeländer), „Touris", „Terris" (die Einwohner des Northern Territory) und sonstige „Aussis" in einer bunten Mischung unterwegs. Ein Zauberer aus Indien unterhält eine staunende Menge, auf eine kleinen Wiese spielt ein australische Folk-Band. Kurze Röcke wehen im Wind, Chinesen bieten traditionelle Massagen an. Wir trödeln umher, besichtigen die alten, weißen Villen und das Parlamentsgebäude. Plötzlich ein Schild: „Hier erreichte das in London beginnende Telefonkabel australische Erde!" Hier also kam das Telefonkabel wieder aus dem Wasser, welches in London begann, quer durch den asiatischen Kontinent verlief um schließlich in der Arafurasee zu versinken und in Darwin wieder aufzutauchen – um immer weiter durch das Outback (entlang dem heutigen Stuart-Highway) schließlich bis nach Sydney verlegt zu werden. Ja, so lang wie dieser Satz ist, so großartig war jene Ingenieursleistung des 19. Jahrhunderts: Ein Telefonkabel von London nach Sydney! Noch weit bevor Straßen, Fähr- und Fluglinien dauerhaft etabliert wurden, gab es diese Leitung, konnten Informationen ausgetauscht werden. Hier gilt im wortwörtlichen Sinne: Am Anfang war das Wort!

Wir schauen uns an. Gewissermaßen ist das ja auch unsere Reiseroute, wenn auch in entgegengesetzter Richtung. Australien – Asien – Europa. *Overland...* werden wir es schaffen? Doch zuerst einmal müssen wir nun eine Schiffsverbindung auf irgendeine der süd-ost-asiatischen Inseln finden. Wie wollen wir es anpacken? Öffentliche Fähren existieren nicht, die Entfernung ist zu groß, die Unterschiede zwischen den Ländern zu gewaltig. Darwin ist in gewisser Hinsicht auch eine abgelegene Insel der „ersten Welt", nahe bei Indonesien, Osttimor und Papua-Neuguinea, eingeklemmt zwischen Meer und Wüste. Darwin ist eine Insel, ein Sprungbrett – und hoffentlich unser Tor nach Asien!

Also los: Zuhause bei Grant suchen wir uns ein Telefonbuch, schreiben uns die Adressen der Yachthäfen heraus. Friederike malt einige Zettel („Mitfahrgelegenheit auf alle asiatischen Inseln gesucht! Wir können: putzen, kochen, angeln..."), die wir am nächsten Tag in den Yachtclubs, an einigen Schiffen und Läden aushängen. Dann beginnt das Warten - nur höchst selten läutet das Telefon in Grants Wohnung. Jedesmal rennen wir zum Hörer, legen meistens enttäuscht wieder auf. Ein Amerikaner bietet uns an, mit ihm nach Südafrika zu segeln, ein australischer Arzt könnte *eine* Person noch zum Rennen Darwin – Bali mitnehmen. Beide Male müssen wir ablehnen, trennen wollen wir uns nicht, nach Südafrika eigentlich auch nicht – auch, wenn es sehr verlockend erscheint. Aber sechs Wochen über den indischen Ozean in einer kleinen Nussschale mit einem Mann, der sich selbst Jim Craezy nennt? Also, warten wir weiter, bringen neue Zettel in die Yachtclubs, sprechen mit reichen Ärzten, Rechtsanwälten, Ölmillionären. Nichts, und wieder nichts, und die Tage ziehen ins Land. Grant verabschiedet sich, er will für zwei Wochen seine Familie in Melbourne besuchen. Wir richten uns in seiner Wohnung ein, trinken kühles Northern-Territory-Beer auf der wundervollen Terasse, spielen abends auf der Esplanade Fußball. Ein Krokodil schwimmt durchs seichte Hafenwasser.

Dann, plötzlich und endlich, der Erfolg: „Well, I've got a lift for you." Die Stimme am Telefon war männlich, ruhig, klar. Das ist es, schießt es mir durch den Kopf. Schnell machen wir ein Date für jetzt und gleich aus, rennen aus der Wohnung, fahren zum Yachtclub. In der Lounge hat sich schon eine bunt gemischte Gesellschaft versammelt, wir machen uns gegenseitig bekannt: Peter „the Bull", kräftig gebauter Manager einer Kokosplantage und Schiffsbesitzer eines stolzen Katamarans aus Queensland, Flavia, chinesischer Abstammung und ehemalige Grundschullehrerin aus Papua-Neuguinea; Peter „the Fisherman", Ingenieur aus Neu-Kaledonien und begeisterter Tiefseefischer; Hamish, englischer Botschafter in Osttimor; Kate, Krankenschwester aus Darwin; Rinco, ehemaliger Bankmanager und zugleich Rucksackreisender aus den Niederlanden. Überrascht von so viel Internationalität schauen wir in die Runde, stellen uns vor, Friederike und Thomas, Studenten und Rucksackreisende aus Deutschland. Dann machen wir uns alle ein Bier auf.

Das Gespräch beginnt. Peter „the Bull" erklärt seinen Plan: Auf seinem Schiff, dem Katamaran „Sampaguita", will er nach Südostasien segeln, dabei einen ersten Zwischenstopp in Dili, der Hauptstadt Osttimors, machen, wo er Hamish – der zugleich sein Schwager ist und zur Zeit Urlaub hat – wieder zu seinem Job als Botschafter zurückbringen will. Wenn wir wollen, können auch wir nach Osttimor mitkommen; Dauer ca. 4 Tage über offene See, Kosten ca. 25 Dollar pro Tag für das gemeinsame Essen und den Schiffsdiesel, Arbeit: kochen, putzen, angeln. Schlafen würden wir alle irgendwo, irgendwie. Zudem müssten wir alle abwechselnd das Steuer übernehmen und auch Nachtschichten halten, dazu sind einige Tage Eingewöhnung und Übung in australischen Gewässern nötig, die wir noch zusammen verbringen würden. Wir schauen uns an, wenige Millisekunden später ist die Entscheidung gefallen. „Perfect!"

Peter führt uns nach draußen, geht zum Hafen. Einige hundert Meter entfernt ein weißer Fleck: Die Sampaguita. Ruhig liegt das schnittige Boot auf dem spiegelglatten Wasser. Peter erklärt, dass der Motor vor dieser Reise noch repariert werden müsse, er arbeite nur mit halber Kraft. Das dazu angeforderte Ersatzteil komme aus Auckland, sei Ende nächster Woche hier. In ca. 10 Tagen. Dann geht alles los. Er schaut uns an. „Allright?" Unsere Antwort kommt schnell: „Yes", Peter, wir kommen mit! Wir verabreden uns für das nächste Wochenende, trennen uns. Die bunte Gesellschaft winkt uns nach.

Zurück in Grants Wohnung fallen wir uns in die Arme. Das ist es, unser Tor nach Asien! Bei Crackern und Wein überlegen wir, wie wir die nächsten zehn

Tage noch verbringen sollen. Ich bin unternehmungslustig, schlage eine Radtour durch den nahegelegenen Kakadu-Nationalpark vor. Eine gewaltige Naturlandschaft, die jedes Jahr in der Monsunzeit überflutet wird und aus Mangrovensümpfen, trockenen Ebenen und gewaltigen Sandsteinfelsen zusammengesetzt ist. Seltene Tiere und unverfälschte Aboriginekultur inklusive – schreibt unser Reiseführer, und ich ergänze: Da könnten wir nochmals einige Tage im Zelt verbringen. „Eine sportliche Herausforderung", füge ich lachend hinzu, doch Friederike lacht mich aus: „Als ob du je schon mal Sport getrieben hättest!" Sie ist zurecht skeptisch, Radfahren bei runden 40 Grad im Schatten auf einsamen Holperstraßen ist sicherlich nicht so bekömmlich. Doch ich kann sie überzeugen oder viel besser „überreden" und richte zwei Fahradskelette aus Grants Keller her. Eine riesige Plastikkiste auf meinem Gepäckträger nutzen wir als Ablage für Zelt, Essen, Klamotten und Wasser. Am Ende ist das ohnehin klapprige Fahrrad bedrohlich hoch beladen, und auch ich beginne langsam an meinen Absichten zu zweifeln. Was hast du dir da nur wieder vorgenommen?

Aber wie das so ist: Wenn man's einmal ausgesprochen hat, kann man nicht mehr zurück. Etwas unsicher trete ich in die Pedale, los geht es. Zwei Tage später erreichen wir die Grenze des riesigen Parkgebietes. Die Straße bleibt geteert, ist zwar schmal, aber gut passierbar. Trockener Wald liegt zu beiden Seiten, gelbes Gras säumt die endlose Straße. Am Horizont ragen rötliche Sandsteinfelsen empor. Ca. alle zwei Stunden überqueren wir einen schlammigen Flußlauf, Krokodile liegen träge im braunen Wasser. Plötzlich eine Rauchsäule, der Busch brennt! Knisternd wird das trockene Gras von den Flammen verzehrt, die Straße ist jedoch (noch!) frei. Guten Mutes treten wir in die Pedale, fahren durch den Rauch. Alles gut. Auch die Termitenhügel scheinen das Feuer gut überstanden zu haben, bei einer Rast beobachten wir die fleißigen Tiere bei ihren Aufräumarbeiten. Wallabys, kleine Känguruhs, rennen durch den Busch.

Eine gute Woche gondeln wir so durch den Park. Als uns die Sonne zu heiß wird und Friederike zusehends unter schwerer Migräne leidet, beschließen wir, nur noch kurze Etappen am frühen Morgen bzw. Abend zu fahren. So bleibt mehr Zeit für Unternehmungen: Am East-Alligator-River beobachten wir dutzende Krokodile beim Sonnenbaden, bei Ubirr und Nourlangie-Rock sind in halboffenen Höhlen zahllose Aborigine-Felszeichnungen zu sehen. Obwohl diese Zeichnungen mitunter schon steinzeitliches Alter haben, leuchten sie noch immer in frischen Farben, sie wurden in kontinuierlichen Abständen immer wieder neu übermalt. Die Großväter nahmen ihre ältesten Enkel, und zusammen erschufen sie die Zeichnungen jede zweite Generation aufs Neue. So blieb die Kultur der Aborigine lebendig, so wurde ihr alter Geist immer wieder an neue Generationen weitergegeben. Staunend stehen wir vor den alt-neuen Kunstwerken, lernen von den *Uyanda*-Schwester, die sich in Krokodile verwandelten und nun den Menschen in verwunschenen Wasserlöchern (*Billabongs*) auflauern, und von *Namarrkun*, dem Gott der Blitze und des Donners, der im November mit der

Monsunzeit das trockene Land zu neuem Leben erweckt. Am selben Tag lädt uns eine Aboriginefamilie zum Essen ein, eine Schlange liegt im gelben Gras. Mit einer schnellen Handbewegung schiebt sich eine Frau den Kopf des unsympathischen Tieres in den Mund, biegt den Rücken nach oben. Mit einem lauten Knack bricht das Rückrat. Zusammen mit Wildgänsen und Fischen landet die derart getötete Schlange im Feuer, wird auf Baumrinde serviert. Fröhlich beißen wir in die schwarzen Klumpen Fleisch.

Kilometer und Tage rollen vorbei, Raum und Zeit gleichen sich an. Unsere Einblicke in die uralte Synthese von Mensch und Natur in diesem eindrucksvollen Land schreiten in kleinen Schritten voran. Wir erfahren, dass die Aborigines das trockene Gras in kontinuierlichen Abständen am Beginn der Trockenzeit abbrennen, um größere Schäden zu vermeiden, Schädlinge zu vernichten und um besser wandern und jagen zu können. Neuerdings werden die (ehemaligen) Nomaden dabei auch von den Parkrangern unterstützt, die aus Hubschraubern Brandbomben in unzugänglichen Gebieten des Parks abwerfen oder mit Fackeln und Feuerwerfern unterwegs sind. Bäume und größere Pflanzen bleiben bei einem solch kontrollierten Feuer stehen, am Ende der Trockenzeit wärden sie sonst garantiert vernichtet worden. So hilft hier Feuer gegen die Wüste. Ein Aborigine erklärt uns: Würde man dieses Prinzip auch noch rings um Sydney anwenden – wie in den „alten Tagen" – könnte man die verheerenden Buschbrände der letzten Jahre, die die Hauptstadt stark gefährdeten, leicht vermeiden. Doch vielen Weißen erscheint ein organisiertes Abbrennen des Landes als Frevel und Umweltzerstörung, und so stirbt auch diese Tradition immer mehr aus. Ein Ranger führt uns in den Busch, zeigt uns Blumen, die als zuverlässige Kalender genutzt werden und Ameisen, die ihre Nester in Bäumen bauen und deren Gift bei Herzattacken hilft. Eine Arznei, die schon seit 40.000 Jahren genutzt wurde, lange vor dem Entstehen der europäischen Hochkulturen, weitergegeben in Liedern und Zeichnungen! Ein Waran, eine anderthalb Meter lange Echse, läuft langsam vorbei. Fliegen sitzen auf einem toten Känguruh. Unter einem Geistereukalyptusbaum bauen wir das Zelt auf, Kakadus kreischen im Dickicht. Im tiefblauen Himmel steigt langsam der Mond empor, Buschbrände leuchten am Horizont.

Nachts erzählen wir uns Märchen im Zelt.

Es war einmal ein Bär. Der hatte eine riesenrote Nase, so riesig und so rot, dass sie nachts im Wald wie eine Laterne leuchtete. Die Glühwürmchen summten um sie herum, und der Bär fand seinen Weg auch in der tiefsten Finsternis. Das war ungemein praktisch, und so führte der Bär ein zufriedenes Leben.

Ach, ich vergaß zu erwähnen: Warum ist die Nase so rot? Das ist ganz einfach, das liegt am Honigwein. Der Bär sammelte nämlich – meistens nachts, wenn es kühler war – Himbeeren und Brombeeren und Erdbeeren und Heidelbeeren und brachte sie zu den Bienen, die ihm als Dank etwas von ihrem Honigwein abgaben. So konnte der Bär eine Menge Honigwein trinken; und so war seine Nase immer rot; und so konnte er auch im Dunkeln viele Beeren finden; und so konnte er immer wieder zu den Bienen zurückkehren und mit ihnen Beeren gegen Wein tauschen.

Ein behagliches Leben. Bis eines schönen Morgens plötzlich alle Bienen weg waren. Aufgeregt lief unser Bär durch den Wald, sein Geheul schallte zwischen den Bäumen. Wo sind sie nur? So etwas hatte es ja noch nie gegeben! Wo sind sie nur?

Doch die Bienen blieben weg, die Nase wurde immer dunkler, die Laune unseres Bären immer schrecklicher. Griesgrämig trottete er durch den Wald. Plötzlich hörte er laute, knatternde Geräusche. Auf einer Lichtung standen große eckige Dinger, Menschen liefen umher. Bäume lagen am Boden; wo ehemals noch Wiese und Bach war, führte ein breiter schwarzer Streifen aus dem Tal heraus. Es stank! Die also haben die Bienen vertrieben! Voller Wut rannte der Bär aus dem Wald, stürzte sich auf die Menschen. Die konnten gerade noch zu ihren eckigen Dingern laufen, dann fuhren sie über den schwarzen Streifen aus dem Tal heraus. Und den schwarzen Streifen nahmen sie auch gleich noch mit!

Sie sind nie wiedergekommen. Dafür kamen die Bienen wieder, die Nase des Bären begann wieder zu leuchten, und er fand alle Beeren, die er sich nur wünschte. Und das geht noch heute so – wenn er denn nicht gestorben ist.

Hell scheint der Mond durchs Zeltdach. Schlaftrunken komme ich ins Grübeln, gehe auf eine Reise, auf der man mir nicht folgen wird. Viele Menschen fragen sich, wie es mit der Menschheit weitergehen wird. Unsere Energien schwinden zusehends dahin, alternative Quellen sind nicht wirklich in Sicht. Vor einigen Tagen erzählte jemand auf dem Zeltplatz vom Hochwasser in Dresden, schüttelte traurig den Kopf. „Das ist globale Erwärmung!" Ja, die Probleme sind zur Genüge bekannt, doch Lösungen bleiben schwer. Was können wir tun, wie können wir leben? Schlaftrunken sind sie, meine müden Gedanken, doch ich meine: Wenn unsere Welt eine Zukunft hat, dann wird sie *asketisch* sein.

Schauen wir zu den Aborigines. Die Ureinwohner des roten, trockenen, eigentlich lebensfeindlichen Kontinentes leben hier seit gut 40.000 Jahren. Sie haben in all diesen Jahren keine Schrift entwickelt, keine festen Häuser gebaut, keine herausragende Technik genutzt. Sie leben asketisch. Ohne festen Landbesitz ziehen sie umher, jedes Jahr altbekannte und dennoch immer wieder neue Wege. Gewissermaßen sind sie so ohne Vergangenheit und Zukunft. „Steinzeit" möchte man rufen und Lösungen für unsere Probleme hier kaum vermuten. Und dennoch, was haben diese halbnackten Gestalten nicht alles erreicht! So haben sie den Kontinent mit einen ausgefeilten System von Wegen überzogen, deren

Wegmarken in Zeichnung und Gesang „gespeichert" sind. Singt man diese Lieder, erschließt sich einem wortwörtlich der Weg – die *songline* – beim Gehen. Man mag es sich im Deutschen vergegenwärtigen:

> Im Frühtau zu Berge, wir ziehn fallera!
> Am Bach vorbei und dann links über den Kamm, tralla!...

Und diese musikalische Festplatte speichert nicht nur Wege, sondern auch Informationen über die ausdifferenzierten Familienstrukturen, die ausgeklügelte Zeichensprache (die in ganz Australien unter den unterschiedlichsten Stämmen verstanden wurde), die Zubereitung von Speisen und Medikamenten. Mit jedem neuen Gesang wird das, was ist, neu entdeckt und zugleich immer wieder neu geschaffen... wie ein noch unbekannter Weg mit vielen Abzweigungen, der sich erst nach und nach beim Gehen offenbart. Gut, dass es bei Wegen Karten gibt – oder in Australien eben Lieder, die Raum und Zeit so über den Gesang verbinden. Jeder Kilometer ein Strophe? Jedes Abendessen zwei Verse? So steht alles im Verhältnis, maßvoll begegnet der Mensch der Natur, braucht für das ungeheure Wissen seiner musikalischen Festplatte weder Computer noch Bücher noch Zeitungen noch westliche Zivilisation. So wird die „Traumzeit" immer wieder neu, jene mythische Epoche als die Götter, Helden und Ahnen der Aborigines das Land durchstreiften und es singend ins Dasein riefen. Die Lieder sind noch immer dieselben. So wird die Welt ewig bestehen. Wie lange können *wir* dagegen noch so weitermachen?
Der junge Mann, den wir in Südaustralien trafen, fällt mir ein. Er wandert rund um Australien, nur mit einen Rucksack und einigen Pillen... asketisch... starre Augen, Fußsohlen aus Wind. Ob er glücklich ist? Ich zögere, all das lässt sich nur schwer mitteilen. Stumm schaut mich der Computer an. Wo einst die Kakadus kreischten, blinkt nun das sterile Zeichen des Cursors. Was weiß ich schon von all dem? Kann ich überhaupt noch anders? Werde ich denn jemals einen *song* singen, eine eigene *songline* haben können? Wo sind sie nur hin, die hellen Gedanken jener australischen Nächte?! Und doch, und doch bleibt dieses Gefühl aus den Nächten im Outback: Es scheint, als hätte es in Australien einmal eine Zeit gegeben, in der ein asketischer, maßvoller Mensch und eine extrem karge Natur über zehntausende Jahre in einer friedlichen Einheit leben konnten. Und ich frage wieder: Wie lange können *wir* dagegen noch so weitermachen? Wo können wir nur in die Lehre gehen?! Langsam schlafe ich ein. Papageien schreien im Dschungel, eine Ameise klettert mir übers Gesicht. Der Mond scheint, die Träume kommen. Traumzeit.

- - -

Tage später sind wir wieder in Darwin. Fröhlich steigen wir von den harten Sätteln. Auch Grant ist zurück, wir verbringen noch zwei fröhliche Tage zusammen, verabschieden uns dann. Am Hafen empfängt uns Peter, bringt uns mit dem „Dingi", einem kleinen, von einem Außenbordmotor betriebenen Schlauchboot zur Sampaguita. Dort steht die versammelte Crew schon bereit, empfängt uns mit Winken und Zurufen. Frischer Seewind, Möwen kreischen. Das Ersatzteil ist noch nicht da, doch kein Problem, wir müssen uns ohnehin erstmal aneinander gewöhnen, Schiff und Mannschaft trainieren. Dazu hat Peter drei Tage in australischen Küstengewässern eingeplant, energisch zieht er die Segel hoch. Rasselnd wird der Anker nach oben geleiert. Los geht's, und: *No worries, man!*

Wind und Sterne

Drei Tage durchpflügen wir die Wellen vor Nordaustralien, segeln unweit des Landes durch die Arafurasee Richtung Arnhemland. Begriffe wie Luv und Lee, Back- und Steuerbord werden vertraut. Wir erhalten das Ruder, lernen navigieren, die Mannschaft kennen. Mit Rinco freunden wir uns schnell an, der ehemalige Bankmanager aus den Niederlanden (28 Jahre alt) hat eine erfolgreiche Karriere abgebrochen, um mit dem Rucksack einmal um die Welt zu ziehen. Wie alle anderen auf diesem Boot hat auch er einige spannende Geschichten zu erzählen. Abends werfen wir die Angeln aus und schauen dem Sonnenuntergang zu. Krokodile schwimmen durchs braune Wasser. Ein kanadischer Mann, ehemals Kapitän eines großen Ölfrachters, legt mit einer selbstgebauten Dschunke an, erzählt Stories von Büffel- und Schweinejagden im Northern Territory. „Das waren noch Zeiten!" Seine japanische Frau bringt selbst eingelegte Oliven, Bier kreist in der Runde.

So gehen die Tage schnell übers Meer. Wieder wird es Abend, schon der dritte. In einer einsamen Bucht lässt Peter den Anker herunter. Wir machen uns nochmal auf zum Fischen, diesmal mit neuer Methode. Zu dritt klettern wir in das „Dingi"; Friederike, Peter „the Fisherman" und ich sind an Bord. Peter wirft den Motor an, es geht los. Langsam tuckern wir in die Bucht hinein, von allen Seiten kreischen die Vögel. Dann beginnt uns das Gestrüpp des Mangrovenwaldes zu umgeben, langsam fahren wir in einen kleinen Kanal, legen Krabbenfallen aus und werfen die Angeln ins braune Wasser. Was für eine seltsame, unwirtliche Welt! In der kleinen Schlammrinne, kaum 2 Meter breit und ca. 50 cm tief, wackelt das „Dingi". Ringsum nur Wurzeln, Rascheln, Schlamm, Hitze. Und tausende Mücken, Moskitos, Sandfliegen. Wir ziehen die Hemdkragen hoch, halten tapfer aus. Einzig die Fische und Krabben scheren sich nicht um unsere Versuche, nach ca. einer Stunde brechen wir entnervt ab. Langsam und sorgfältig, damit keine der Luftkammern an den Wurzeln und Ästen der Mangroven aufreißt, tuckern wir durch den Kanal in die Bucht zurück.

Hier erwischen wir noch die letzten Sonnenstrahlen, eine blutrote Scheibe hängt drohend am Horizont. Die Tierwelt ist aufgeregt, alles kreischt. Im Gestrüpp sehen wir einen Alligator. Die „Sampaguita" ist einen Kilometer entfernt am anderen Ende der Bucht, wir nehmen Kurs. Plötzlich stößt mir Peter in die Rippen: „Have you seen that?" Ich blicke zur Seite. Ein Schwarm großer Fische durchpflügt ca. 100 m entfernt das Wasser, die Rückenflossen schneiden durch die Wellen. „Dolphins!" ruft Peter freudig aus und nimmt Kurs. Auch wir würden gern nochmal einen Blick auf die sympathischen Säuger werfen und freuen uns auf die Begegnung.

Wir erreichen die Stelle. Keine Delfine, die Flossen sind weg. Doch das Wasser ist schaumig, blutrot, aufgewühlt. Ebenso rot hängt die Sonne am Horizont. Peter wird unsicher. „Well, let's go back." Er schlägt nach Steuerbord, die Sampaguita im Blick. Weiß leuchtet das Segel über die Bucht. Plötzlich läuft es mir kalt den Rücken herunter, 50 Meter entfernt taucht eine Flosse wieder aus den Wellen. „That's not a Dolphin." Da kommt die Erkenntnis: „That's a shark! A white one!" Die letzten Worte kommen gepresst. Peter hält das Steuer. Die Zeit beginnt sich zu dehnen. Vor unseren Augen beschreibt die Flosse einen Bogen. Wie im Film. Unser Boot tanzt auf den Wellen. Die Flosse wendet, nimmt direkten Kurs auf unser kleines Schlauchboot. Die Sekunden frieren ein. Zusammenprall – befürchten wir. Haie im Wasser – wissen wir! Noch 30 Meter, noch 20, noch 10. Wir werden eigenartig ruhig. Majestätisch schwebt die Flosse heran. Ein leichtes Geräusch. Ich werfe einen Blick nach unten, ein vielleicht 3 Meter langer, grauer Schatten zieht vorbei. Dann ist er weg.

Und weg soll er bleiben! Zwanzig Minuten später stehen wir an Bord der Sampaguita. Alle lachen. Uns zittern die Knie. Wir haben uns in ein Gebiet gewagt, in dem wir uns nicht auskennen. Um uns herum tummelt sich das Leben, und es ist nicht immer friedvoll. Ahnungsvoll werfen wir einen Blick ins dunkle Wasser. Eigentlich ist überhaupt nichts passiert. Doch einen kurzen Moment habe ich das Ende gefühlt. Vielleicht ist der Tod wie ein Hai: Leise, majestätisch, plötzlich. Vielleicht ist der Tod ja weiß. Und messerscharf und unerbittlich. Ahnungsvoll schaue ich ins Wasser.

Am nächsten Morgen ist alles vergessen. Im frischen Morgenlicht durchpflügt die Sampaguita die Wellen. Melville Island zieht an Steuerbord vorbei, wir sehen eine einsame Aborigine-Siedlung zwischen Mangrovenwald und Meer. Hunde rennen umher, einige Leute dösen im Schatten. Dann kommt wieder Darwin in den Blick, wir steuern zum gewohnten Yachthafen und werfen Anker. Peter telefoniert, noch immer ist das Ersatzteil des Motors aus Auckland nicht angelangt. Es sollte noch vier Tage dauern.

Was sind schon vier Tage! Wir hängen im Yachthafen herum, verachten die High Society und genießen sie zugleich. Abends ein kühles Bier, der Wind säuselt unter den Palmen. Feuerakrobaten wirbeln durch die Nacht. Dann ruft die Werkstatt an, die Ersatzteile sind endlich angekommen. Kurze Zeit später erreicht uns das Schiff der Werkstatt, zwei junge Männer springen an Bord. Wortkarg verschwinden sie im Maschinenraum, zwei Stunden später stehen sie öl- und schweißverschmiert wieder an Deck. Alles in Ordnung!

Flavia und Peter packt die Reiselust. Obwohl es schon 16.00 Uhr ist, hissen wir die Segel. Ein kräftiger Wind geht. Zusätzlich werden beide Maschinen angeschmissen, mit stolzen 18 Knoten rauschen wir dahin. Darwin wird immer kleiner, zusehends schrumpft die so vertraute Skyline der Esplande zu Spielzeuggröße um schließlich als Fleck am Horizont zu verschwinden. Jetzt erkennen wir nochmals deutlich, wie flach, wie gewaltig, wie geheimnisvoll Australien ist. Nun, wo der rote Kontinent im Dunst verschwimmt, erkennen wir nochmals seine unheimliche Größe. Wir starren zurück, bis es einfach nichts mehr zu sehen gibt.

Dafür öffnet sich nun die ganze Weite des Ozeans. Für uns Landratten, die wir noch nie länger als drei Tage auf (halb-)offener See waren, sollte das eine vollkommen neue Erfahrung werden. Gewaltig, und doch sanft zugleich rollen die Wellen heran. Im endlosen Rhythmus tanzt das Boot auf den Wellen. Sicher, wir haben Radar und GPS. Doch unsere Augen suchen nach Orientierung, und endlos dehnt sich das Meer. Wir sehen kein vorne, kein hinten. Wir können nicht abschätzen, wie schnell wir fahren. Die gleißende Sonne erlaubt ebensowenig Orientierung wie unser Fahrtwasser, das nach wenigen Sekunden im aufgewühlten Meer verschwindet. Auch das Meer ist eine Wüste; lebensfeindlich, geheimnisvoll, unerbittlich. Wie Sand bewahrt Wasser keine Spuren; werden wir einst eben so schnell vergehen?

Essenszeit! Flavia kommt mit Sushi aus der Küche. Wir lassen uns das Abendbrot schmecken, machen Pläne für die Nacht und die nächsten Tage. Hamish schlägt vor, auch nachts zu segeln, alle stimmen zu. Also werden Nachtschichten eingeteilt, Friederike und ich sind von vier bis sechs Uhr an der Reihe. Gesättigt genießen wir die Aussicht, gehen früh ins Bett.

Um vier weckt uns Hamish. Der englische Botschafter klopft mir auf die Schulter. „Well. It's your turn!" Müde quälen wir uns hoch, treten hinters Steuer. Alles in Ordnung, einzig der Seegang hat zugenommen. Tiefe, unruhige Nacht. Jetzt, wo auch die Sonne als letzter einigermaßen feststehender Orientierungspunkt weg ist, scheint hier alles in Bewegung zu sein. Hoch, runter, links, rechts. Vor, zurück, zur Seite, ran. Mir wird übel. Hoch, zur Seite, rechts, runter! Eine Woge rollte heran. Das Schiff legt sich nach rechts, geht hoch. Eine neue Woge. Es ist dunkel. Vor, rechts, zur Seite. Schließlich muß ich übergeben. Danach ist es etwas besser. Doch das schwarze, unendliche Meer, von unserer kleinen Nussschale aus betrachtet, bleibt bedrohlich und geheimnisvoll. Trotz Schwimmweste, trotz GPS, trotz Radar: Wer hier hineinfällt, ist tot. In dieser tiefen Nacht, mitten in der bewegten See, habe ich schließlich zumindest den Jona besser verstanden:

> Ich rief zu dem HERRN in meiner Angst, /
> Und er antwortete mir.
> Ich schrie aus dem Rachen des Todes, /
> Und du hörtest meine Stimme.
> Du warfst mich in die Tiefe, mitten ins Meer, /
> Daß die Fluten mich umgaben.
> All deine Wogen und Wellen /
> Gingen über mich,
> Daß ich dachte, ich wäre von deinen Augen verstoßen, /
> Ich würde deinen heiligen Tempel nicht mehr sehen.
> Wasser umgaben mich und gingen mir ans Leben, /
> Die Tiefe umringte mich, Schilf bedeckte mein Haupt....

Am nächsten Morgen weckt mich die Sonne. Es ist schon fast elf, unerbittlich brennt die senkrecht stehende Leuchtfackel auf das kleine Schiff. Unser erster Tag auf offener See, ringsum nur rollendes blaues Meer mit einzelnen Schaumkronen. Fliegende Fische springen aus dem Fahrtwasser, begleiten uns dutzende Meter im freien Flug. Ein Flugzeug schält sich aus den Wolken, kommt näher heran, zieht einen Bogen über uns: Die Küstenwache. Sie funken uns an, wollen Herkunft und Ziel wissen. Schiffsverkehr ist auf dieser Route ungewöhnlich, sie fragen nach unseren Passnummern, funken nach Darwin. Doch schnell ist alles geklärt, wir können weiter segeln, verlassen jetzt australische Hoheitsgewässer. *Farewell!*

Die weiteren Tage bleiben gleich: Zwei Deckwachen pro Tag (und Nacht), kochen, angeln, putzen. Die See ist mal rauher, mal ruhiger, doch immer stärker brennt eine unerbittliche Sonne vom Himmel. Langsam nähern wir uns dem Äquator, liegen jetzt bei ca. 12 Grad südlicher Breite. Delfine und Schwertfische schwimmen aufgeregt vor dem Schiffsrumpf, nachts leuchtet das Kreuz des Südens knapp über dem Horizont. Bald werden wir es aus den Augen verlieren, wieder den großen Bären sehen. In einem Netz, das zwischen den beiden Auslegern des Katamaranes gespannt ist, verbringen wir viel Zeit mit lesen. Von unten spritzt uns Gischt an die Rücken. Abends nimmt sich Hamish viel Zeit, der Botschafter erklärt uns fundiert Geschichte(n) und Probleme Osttimors. Seit April 2002 war das kleine Land nach jahrzehntelangen Unabhängigkeitsbestrebungen, Revolten und offenen Kriegen endlich von der indonesischen Besatzungsmacht unabhängig geworden, ein freier Staat, das jüngste Land der Erde. Wir sind gespannt. Zugleich checken wir unsere Reiseapotheke, informieren uns über Tropenkrankheiten, lesen die Beipackzettel der Malariaprophylaxen. Ich schütte die ersten weißen Pillen in mich hinein.

Am Morgen des vierten Tages weckt uns Flavia mit lautem Geschrei. Wir hechten an Deck, Vulkankegel liegen am Horizont, fremdartige Vögel begrüßen uns. Ein ungewohnter Geruch liegt in der Luft, ein kleines Schiff mit braungebrannten kleinen Männern kommt herangefahren. Die äußerste Ostspitze Timors! Asien! Wir springen ins Wasser, schwimmen an Land. Kleine Holzhütten stehen unter Kokospalmen, einige Männer stehen am Strand, beobachten uns vorsichtig aus dunklen Augen. Asien! Wie wird es werden?

Dann geht es weiter. Noch einen geschlagenen Tag und eine ganze Nacht segeln wir an der Nordküste Osttimors entlang nach Dili. Eine von der Sonne verdorrte, gelb-braune Küste zieht vorbei, im Inneren liegen hohe Vulkankegeln. Tiefblau leuchtet das Meer vor dem unwirtlichen Land. Dörfer gibt es selten, Städte gar keine. Süd-Ost-Asien hatten wir uns eigentlich viel grüner vorgestellt. Langsam wird es wieder Nacht. Bis dahin kein einziges Boot. Gibt es noch mehr Menschen in diesem seltsamen Land?

Am nächsten Morgen ruft Flavia erneut. Wir hechten an Deck. Eine große Jesusfigur, ähnlich der in Rio de Janiero, steht auf einem Hügel. Strahlen brechen aus zerrissenen grauen Wolken hervor, dann fallen einige erfrischende Tropfen Regen. Wir sind da: Dili, Hauptstadt von Osttimor.

Der jüngste Staat der Erde

Langsam fahren wir heran, ankern im Hafen. Peter muss vorsichtig navigieren, überall liegen halb verrostete Schiffwracks. Einige chinesisch anmutende Dschunken wackeln auf den Wogen, ein kleines Schiff unter australischer Flagge liegt einige Meter entfernt. Kinder spielen in einem halbversunkenen rostigen Wrack – oder einem ehemaligen Landungssteg – am Strand. Ansonsten ist es menschenleer, niemand scheint von unserer Ankunft Notiz zu nehmen. Ein heißer Wind weht aus dem Landesinneren heran, die Hauptstadt versteckt sich hinter einigen gelb-braun gefleckten Palmen.

Well, was für ein Empfang! Aber der jüngste Staat der Erde hat vermutlich andere Probleme als sich um Einreiseformalitäten zu kümmern. Uns soll's vorerst recht sein. Wir packen unsere Sachen, besteigen das Dingi. Das also soll's auch schon auf der Sampaguita gewesen sein?! Etwas wehmütig gehen wir ein letztes Mal über Deck, verabschieden uns und vereinbaren für den nächsten Tag ein gemeinsames Abendessen bei Hamish in der englischen Botschaft. Peter bringt Friederike, Rinco und mich an Land. Einige Kinder kommen neugierig angelaufen, rufen im Chor: „Hello, Mister!" Ein letzter Gruß von Peter, dann sind wir allein. Die Rucksäcke schneiden wieder in die Schultern. Sind sie schwerer geworden?

Wir schauen uns um. Erst jetzt, mit festem Boden unter den Füßen, beginnen wir wirklich zu realisieren, wo wir eigentlich stecken. Osttimor – das hatte in Deutschland immer einen extrem beunruhigenden, bitteren Beigeschmack. Jetzt, wo wir hier im zerbombten Hafen der Hauptstadt stehen, scheint alles ganz normal zu sein. Niemand ist unfreundlich oder gar bedrohlich, die Stadt scheint unter der drückenden Hitze zu schlafen.

Wir versuchen uns mit unserem Stadtplan im Gelände zu orientieren. Ein kleines Hostel, die *villa harmonia*, in der auch Ausländer einkehren können, müsste ca. drei Kilometer in östlicher Richtung entfernt sein. Dennoch gelingt uns die Orientierung nicht, irgend etwas scheint hier nicht zu stimmen. Friederike bringt uns schließlich auf den richtigen Gedanken: Unser Stadtplan, ca. zwei Jahre alt, zeigt die Stadt *vor* den Unruhen. Beunruhigt schlage ich in einem aktuelleren Führer nach. Plötzlich wird die Katastrophe – im Kopf schon länger bekannt – auch im Herzen fassbar: Von der Hauptstadt wurden ja ca. 80 % zerstört! Ja, es ist eines, von Hamish über die Unruhen unterrichtet zu werden. Und es ist etwas anderes, mit einem nicht mehr aktuellen Stadtplan in dieser zerstörten Stadt zu stehen.

Wir suchen uns ein „Sammeltaxi", quetschen uns mit unseren Sachen hinein. Nach ein paar Umsteigestopps erreichen wir schließlich die richtige Straße, stehen wenig später in einem kleinen Innenhof. Ringsum ragen Holz- und Strohhütten aus den gelblichen, trockenen Palmen. Schnell geht alles klar: Pedro, unser Wirt, ein kleiner, lebendiger, hagerer Mann, hat noch ein Sechsbettzimmer frei, das wir zusammen beziehen. Dreckige Moskitonetze hängen über dreckigen Laken. Wir lassen die Sachen ins Bett fallen, setzen uns um einen kleinen Tisch im Innenhof. Ein junger Australier tritt hinzu, Musikstudent aus Sydney. Er berichtet von seinem kleinen Projekt: Mit der Gitarre reist er in den Semesterferien durch Osttimor, gibt überall kostenlosen Unterricht und sogar Konzerte. Dem Land, das solange durch Unterdrückung und Krieg gehen musste, tue diese kulturelle Hilfe gut. Überall werde sein Können gefragt, strömen ihm die Leute zu, nehmen Anteil an seinen traurigen und bewegenden Rhythmen. Well, auch das ist Entwicklungshilfe! Er greift in die Saiten, lässt einige Töne rollen, leidenschaftlich, atemberaubend! Unser Wirt Pedro läuft vorbei, ein Tablett mit Kaffeetassen in den schmalen Händen. Der Australier schaut ihm nach, schaut uns an, weiht uns ein: Pedro ist im Widerstand einer der führenden Köpfe gewesen, das Anwesen, das er jetzt zur *villa harmonia* umgebaut hat, diente während der Besetzung zu geheimen Treffen. Wir zeigen uns ungläubig, doch der Australier führt uns in eine der Hütten. An der Wand ein Photo: Pedro, Waffen über der Schulter, neben mehreren bewaffneten Männern. Zudem an der Wand: Ein Teppich. Der Australier zieht ihn weg. Dahinter eine schmale Tür, die wohl zur schnellen Flucht verhelfen sollte. Ahnungsvoll schauen wir uns an. Osttimor – wo die Geschichten auf der Straße liegen.

Jetzt wollen wir auch mehr von der Stadt sehen. Wir machen uns auf, laufen einige Kilometer über staubige Straßen, vorbei an kläffenden Hunden, gelben Bananenstauden, neugebauten Holzhäusern, trockenen Kanälen, rauchenden Abfallhaufen. Kinder bleiben stehen, rufen im Chor: „Hello, Mister!" Ein Flugfeld der UN kommt in den Blick, mächtig stehen Transportflugzeuge und schwere Helikopter in der erbarmungslosen Sonne. Wir kommen zur Uni, ein zweistöckiges Gebäude im Stadtzentrum. Einige Räume sind geöffnet, wir schauen uns eine kleine Ausstellung über die letzten Universitätsjahre an. Einige Meter weiter stolpern wir über einen Supermarkt, der „Hello Mister!" heißt. Wir gehen hinein, ein klimatisiertes, sauberes Gebäude, in den Regalen Coca-Cola und Pringels. Doch zu gesalzenen Preisen! Abgestimmt auf die UN-Soldaten, die im Schnitt weit über 100 US-Dollar pro Tag verdienen. Und dennoch all die Armut ringsum?! Wo geht dieses Geld hin? Ein paar Worte von Peter kommen mir in den Sinn: Drogen und Sex sind stetige Freunde der Soldaten. In Dili hat jetzt das erste russische Bordell eröffnet. Danach eine kalte Coca-Cola. Und eine Marlboro. Irritiert gehen wir wieder nach draußen. Hunde liegen schlaff im Schatten.

In der gleißendsten Mittagshitze gelangen wir schließlich zu einem Friedhof. Schneeweiß strahlen die Grabsteine im gelben Gras, unerbittlich brennt die Sonne. Ein Schild nennt den Namen: „Santa Cruz". Santa Cruz! Plötzlich ist alles wieder präsent, was uns Hamish vor einigen Tagen an Bord der Sampaguita erzählte. Santa Cruz ist das größte Fanal des osttimoresischen Widerstandes. 1991 versammelten sich vor dem Friedhof Studenten, Mütter, Landarbeiter und Kirchenleute. Ihr Ruf gellt noch heute: „Unabhängigkeit!" Doch das indonesische Militär griff schnell ein, die Demonstranten wurden auf das Friedhofsgelände gedrängt. Dann fielen Schüsse. Von allen Seiten. Man versuchte sich zwischen den Grabsteinen zu verstecken, doch von allen Seiten: Schüsse.

Langsam gehen wir über das Gelände. Viele Grabsteine sind beschädigt, die Wunden der Steine sind noch eindeutig zu erkennen. In all diesem Wirrwarr versteckte sich damals ein neuseeländischer Journalist. Als er seinen Film voll photographiert hatte, verbarg er ihn zwischen den Grabsteinen. Das rettete sein Leben, zusammen mit vielen anderen Verwundeten wurde er in die örtlichen Krankenhäuser abtransportiert, um nach seiner Genesung schließlich an den Ort der Tat zurück zu kehren. Der Film war noch da, und einzig über diesen verwinkelten Weg erfuhr die Welt vom Massaker von Santa Cruz. Wie viele wird es wohl noch gegeben haben?!

Selbst nach diesem traurigen Höhepunkt sollte es noch acht Jahre dauern, bis die indonesische Regierung 1999 u.a. aufgrund der internationalen Proteste einem von der UN gesponserten Referendum zustimmte, in dem 78,5% der Osttimoresen offiziell ihre Unabhängigkeit wählen durften. Dieses Referendum war am 30. August '99, doch was die fröhlichsten Tage des neuen Staates hätte einläuten können, erhielt schnell den Klang einer Totenglocke und wurde zu einem grenzenlosen Geburtsschmerz: Indonesisches Militär, pro-indonesische paramilitärische Truppen und osttimoresische Widerstandskämpfer überzogen das Land mit Krieg, Tod, Zerstörung und der gehässigen Taktik der „verbrannten Erde". Als UN-Friedenstruppen unter australischer Führung am 20. September im Land einrückten, waren in diesen extremen drei Wochen unzählige Menschen ermordet, verstümmelt, vertrieben. Über eine halbe Million Menschen war geflohen, lebte in Flüchtlingscamps in Westtimor. Nahezu alles war betroffen: Telekommunikation, Brücken, Kraftwerke, Straßen, Regierungsgebäude, Geschäfte, Häuser. In Dili 80% der Infrastruktur. Zahllose Wunden an Land und Menschen. Und seitdem ein langsamer Aufbau unter UN-Übergangsverwaltung: Demokratische Wahlen, Verfassung, Ausbildung, Polizei, wirtschaftliche Kontakte. Doch viele verstrickte Fragen bleiben: Soll z.B. die neue Verfassung in Englisch (überall auf der Welt verständlich), in Indonesisch (von allen im Land gesprochen), in Portugiesisch (die traditionsreiche Sprache der alten Kolonialmacht) oder in Tattun (dem größten einheimischen Dialekt) verfasst werden? Und doch geht es vorwärts, seit April diesen Jahres hat die UN-Übergangsregierung die Verwaltung abgetreten, Osttimor ist ein eigenständiger Staat. Der jüngste Staat der Erde.

Und doch bleiben die Wunden. Die zerstörten Grabsteine haben etwas unwirkliches, doppelt mahnendes. Wir treffen einen alten Australier, dessen Sohn in Timor geheiratet hat. Er erzählt die Schreckensgeschichte weiter: Die Verwundeten von Santa Cruz seien zwar damals in die Krankenhäuser abtransportiert worden, jedoch nicht um dort geheilt zu werden. „They got injections. Deadly injections!" Tod durch Giftspritze! Oh, wenn nur ein Funken Wahrheit in all diesen brutalen Geschichten ist, dann ist der Wahnsinn des 20. Jahrhunderts mit dem 2. Weltkrieg noch lange nicht vorbei gewesen.

Wir gehen zurück ins Stadtzentrum, Häuserruinen zu beiden Seiten. Ein Lastwagen mit blaubemützten UN-Soldaten überholt uns. Große, weiße Männer, Sonnenbrillen, Coca-Cola. Daneben laufen die Osttimoresen, kleine, braungebrannte Gestalten. Ein Tuch um die Hüfte. Stangen, Kisten, Bananen, Gewehre auf der Schulter. Auf einer staubigen Fläche mitten in der Innenstadt hat sich ein provisorischer Markt breitgemacht, auf Plastiktischen rollen Kokos- und Betelnüsse, kleine grüne Bananen und Zwiebeln liegen herum. Doch das ist schon fast alles, auch Kunden hat der kleine Markt kaum. Der Geruch unzähliger Holz- und Plastikfeuer hängt in der Luft.

Wo soll es mit diesem kleinen Staat hingehen? An allen Seiten liegt Indonesien, der ehemalige und vielleicht auch noch jetzige Todfeind. Die einzige Landgrenze nach Westtimor führt auf indonesisches Gebiet. Die nächsten Inseln zum Handeltreiben: Flores und Irian Yaja (Papua Neuguinea). Beides Indonesien. Beide sind selbst Krisenherde, wo um Unabhängigkeit gestritten wird. Australien, das nächst gelegene andere Land ist eine Woche per Schiff entfernt, und auch dort trifft man – von Darwin abgesehen – nur auf die unbewohnte Mangrovenküste des subtropischen australischen Nordens. Jemand redet von Tourismus. Der nächste internationale Flughafen liegt 500 Kilometer entfernt in Darwin oder auf Bali, gute 2.000 Kilometer entfernt. Und Tourismus in diesem sonnenverbrannten, trockenen Land!? Einzig die Folgen des Krieges könnte man hier vermarkten, doch wer nimmt für ein solch makaberes Ziel eine Reise ans Ende der Welt in Kauf?

So wird Osttimor bleiben, was es schon immer war: Eine abgelegene, zerklüftete Insel. Karge Berge und der Dschungel der Täler werden Dorfschaften in sich verbergen, in denen ein kleines, stolzes Volk die Sitten der Väter pflegen wird. Der Weg in die Zukunft heißt für die Osttimoresen Besinnung auf die Vergangenheit. Hoffen wir, dass der Friede bleibt.

Erschlagen fallen wir ins Bett, Moskitos surren im Lampenlicht. Die Dusche bleibt trocken, wir übergießen uns mit einem kleinen, roten Plastikeimer, der in einem Fass mit abgestandenem Wasser schaukelt. Dieselben Utensilien nutzte ich wenig später nochmal beim Toilettengang, streng darauf bedacht, zum „Säubern" nur die linke Hand zu benutzen. So hat asiatische Etikette mangelnde Hygiene wettgemacht: Essen und andere Menschen dürfen in (Süd-Ost-)Asien ausschließlich mit der rechten Hand berührt werden!

Der nächste Tag verläuft ähnlich, unsere Erkundungstouren führen uns durch das gesamte Stadtgebiet. Wir orientieren uns an der Sonne und am Verlauf der Küste. An einer kleinen Garküche gilt es plötzlich eine Entscheidung zu treffen: Wie lange wollen wir bleiben? Wo wollen wir hin? Nudeln schwimmen in einer undefinierbaren roten Brühe. Friederike zählt die Argumente für Dili und das osttimoresische Inland auf: Spannende Geschichte, ein intensives Reisen. Ich halte gegen: Wir haben die falschen Malariamittel, sind gewissermaßen illegal im Land. Beim Reisen ins Inland würden wir in ehemalige Kriegsgebiete gelangen, die auch heute noch nicht unter Kontrolle der neuen Regierung stehen. Überfälle auf weiße Entwicklungshelfer waren aus der letzten Zeit bekannt. Zudem gibt es im gesamten Land ein erhöhtes Tollwutrisiko. So entscheiden wir uns, am nächsten Tag Richtung Westtimor / Indonesien weiter zu reisen. Allein für die gut 100 Kilometer bis zur Grenze müssen wir dabei wahrscheinlich schon einen Tag rechnen. Wir gehen zurück zur Herberge, fallen müde ins dreckige Bett. Siesta.

Abends machen wir uns nochmal auf, Hamish hatte doch zum Dinner geladen. Ich ziehe mein am wenigsten verschwitztes Hemd an. Wie geht man zu einem Botschaftsempfang? Ein Sammeltaxi bringt uns ins Botschaftsviertel. Hinter großen Mauern und Stacheldraht verbergen sich schnell errichtete, doch komfortable kleine Villen. Wir schauen uns um, finden schnell die Straße. Schlaff hängt der Union-Jack in der schwülen Hitze. Ein Wachmann winkt uns durch, auf dem Hof finden wir Flavia, Peter the Bull, Peter the Fisherman, Kate, Hamish und seine Frau. Es geht locker zu, kaltes Bier steht bereit. Dann geht es zu Salat, Wein und kleinen Snacks. Dann noch ein Bier, noch ein Glas Wein. Plötzlich ist es dunkel. Wie eine Faust schlägt die tropische Dämmerung auf die Erde. Wir erzählen uns Reisegeschichten, Hamish aus seinen Botschaftsjahren in Pakistan, Peter aus Papua Neuguinea, wir aus Neuseeland. So gehen die Stunden dahin, gegen Mitternacht fährt uns der angetrunkene Botschafter in unser kleines Hotel. Ein kleiner, im Auto eingebauter Kompass weist ihm die Richtung.

Am nächsten Morgen sind wir schon früh auf den Beinen. Ein Sammeltaxi bringt uns zum zentralen Busbahnhof, Plastikhaufen brennen im Morgenwind. Eine Ziege wird auf einem Dach festgeschnürt. Dann zeigt jemand auf einen knallbunten, klapprigen Bus. Wir steigen ein, Menschen und Tiere drängen hinzu. Das Gepäck kommt aufs Dach. Es geht los.

Der König von Kefamenanu

Die Sonne sticht. Alles um uns dampft, tropft, rinnt, kocht, stöhnt, flucht, schwitzt, blubbert, stinkt, glitscht, rutscht, klebt. Wo man hinspuckt, keimt es. 12.00 Uhr am Äquator, es ist unerträglich! Jetzt ein kaltes Bier – es wäre eine Szene für unser Werbefernsehen. Ich stelle mir das ganz „cool" vor: Flimmernde Hitze. Zwei einsame Gestalten nähern sich. Tiefgedrückt, die Last der Rucksäcke schneidet sich in die Schultern. Eine Fliege krabbelt über ein schweißüberströmtes Gesicht. Die Kraft fehlt, sie wegzuscheuchen. Das Ende naht. Doch da, plötzlich: Ein Bier! Von ferne rauscht ein kühles, nordisches Meer. Ich setze die Flasche an die Lippen... Schnitt - Hitzeillusionen. Unsere Gedanken sind eher bei unserem Gegenüber, einem italienischen UN-Soldaten. Langsam sieht er unsere Pässe durch, Schweiß perlt auf seiner Stirn. Friederike kann ein paar Worte mit ihm auf Italienisch wechseln. Er taut auf, winkt uns durch. Osttimor – Indonesien, eine der heißesten Grenzen dieser Zeit. 45 Grad Celsius. Zwei ehemalige Todfeinde, getrennt durch einen Stacheldrahtzaun, einen italienischen UN-Soldaten und ein vertrocknetes Flußbett. Schwüle Hitze. Wie lange wird der bröcklige Frieden zwischen ehemaligen Besetzern und der neuen Nation halten? Wir gehen über das Flußbett. Irgendwie sind wir auch froh, aus Osttimor wieder draußen zu sein: Das Land war eine harte Erfahrung. Die indonesischen Soldaten, die in einem kleinen Wachhaus auf der anderen Seite des ausgetrockneten Flusses träge vor sich hin dösen, zeigen sich wenig von uns beeindruckt. Ein kurzes Winken, wir sollen näher treten. Es ist Siesta, erst langsam wachen alle auf. Doch das Interesse steigt: Ah – Ausländer! Und dann werden es immer mehr: Erst drei, dann fünf. Am Ende sind es 10 Soldaten und vielleicht 20 Einheimische: Taxifahrer, Gepäckträger, Diebe, Schaulustige. Wir haben Glück, alle sind gut drauf, keiner will sich die Mittagspause verderben lassen. Aber ein wenig Spass mit den ausländischen Gästen sollte schon auch sein: Wir sollen anfangen auszupacken. Alle lachen.
Noch bevor ich den Rucksack geöffnet habe, kommt ein junger Soldat aus dem Wachhaus. Sonnenbrille, Pistole, Soldatenmütze. Ein Schlagstock. Er hat glatte, jugendliche Gesichtszüge, große Augen; ein gefährliches Kind in Uniform. Rüde und arrogant, als hätte er nun schon trotz seines jungen Alters in den 50-zigern als Befehlshaber beim großen Befreiungskrieg gegen die niederländische Kolonialmacht mitgewirkt, weist er mich autoritär in eine Ecke. Wir setzen uns, er beginnt in meiner Kraxe herumzuwühlen. Zuerst findet er unseren „Schmutzwäschesack": Alte Wandersocken, tagelang getragene Unterhosen, verschwitze Hemden; alles von der erbarmungslosen Hitze gut zusammengebacken. Ein kurzer Blick genügt: Nein, so genau will er es dann doch nicht wissen, wirft den Sack zur Seite. Dann das Kochgeschirr, den Schlafsack, das Moskitonetz, meinen Hut, die Badelatschen. Doch dann wird es schon interessanter: Mein Bücherpacket kommt hervor, lauter kleine, gelbe Reclams. Hm, wie ist es damit?

Antiindoneische, antiislamistische und pornographische Bücher und Schriften sind in Indonesien streng verboten. Unsicher hält er die kleinen deutschsprachigen Bände in der Hand. Auch meine Bibel wäre eventuell schon gefährlich, schießt es mir durch den Kopf. Die Bibel also als subversive Literatur? Gefährlich! Doch auch diese Bücher fliegen schnell auf den stetig wachsenden Berg.

Dann wird es allerdings spannend: Er öffnet unseren Medikamentensack. Verschiedenste Pillen, Packungen, Binden, Kanülen, Dosen rollen ihm entgegen. In Indonesien steht die Todesstrafe auf den Besitz oder die unerlaubte Einfuhr von Rauschmitteln jeglicher Art. Er holt eine Packung von Friederikes Migränetabletten heraus, zeigt sie seinen Kameraden, dann schaut er uns an. Fragend, irgendwie freundlich und irgendwie lauernd. Und irgendwie eiskalt aus seinen großen, kindlichen Augen. Vermutlich ist das der einzige Moment, in dem wir sämtliche Aufmerksamkeit der lustigen Runde ganz auf unserer Seite haben. Er schwitzt. Was heißt nur „Migräne" auf Indonesisch?! Ich weiche aus: „Malaria!" und versuche einen Moskito zu imitieren, der Friederikes Blut aussagen will. Wir schwitzen.

„Malaria?!" Er versteht, lacht, öffnet die Packung und... isst eine Tablette. Zufrieden streicht er sich über den Bauch. Dann reicht er die Packung an seine Freunde, an die Zollbeamten, Taxifahrer, Gepäckträger, Schaulustigen. Die Tabletten kreisen. Als am Ende der Runde die Schachtel wieder zu uns findet, ist sie leer. Imigran – deutsche Migränetabletten, die man in Indonesien nie wieder bekommt! Mir steigt der Zorn ins Gesicht. Friederike lacht: „Laß sein!" Doch dafür sind wir jetzt alle Freunde, jemand klopft mir auf die Schulter, ich erhalte eine stinkende Zigarette. Auch unsere Sachen können wir wieder einpacken. „Heiß hier, nicht wahr?" „Banas, Banas?" Sie nicken. Willkommen in Indonesien.

Zehn Meter hinter dem Grenzposten ist schon wieder alles vergessen. „Die Abenteuer", sage ich altklug zu Friederike, „werden in Asien wahrlich nicht seltener". „Jaja, Thomas." Menschen umringen uns, reden auf uns ein. Wir stehen in einem phantastischen Roman, überall stecken Geschichten, Märchen, verborgene Schätze und geheime Abenteuer. 1000-und-Eine Nacht. 1000-und-Ein Kilometer. Immer dichter wird die Traube aus Menschen, drückt, drängelt, zieht: Jeder versucht, uns irgend etwas zu verkaufen, zu zeigen, zu stehlen. Besonders die „Taxidriver" ziehen uns zu ihren Kleinbussen: Ihr jeweiliger Bus sei der einzige, der heute noch fahre, der schnellste zusätzlich, der billigste zudem. Die Zeit drängt, in wenigen Sekunden müssen sie losfahren! Der nächste geht erst morgen! Doch wohin wollen wir überhaupt? Gut, die grobe Richtung steht fest: Nach Westen, ans Meer, und über Flores und Bali nach Java. Doch heute? Die Namen, mit denen wir von allen Seiten bombardiert werden, sagen uns alle nichts. Unbekannte Städte in einem noch fremden Roman. Auf gut Glück steigen wir in einen leeren, alten VW-Bus, der in eine Stadt namens „Kefamenanu" fahren soll. Für unseren Fahrer ist es das Signal: Er schickt seinen „Kenek" los, in wenigen Minuten ist der Bus rappelvoll. 25 Menschen und etliche Tiere drängen sich zusammen. Unsere Sachen landen auf dem Dach, ein alter Mann auf meinem Schoß. Es ist heiß. *Banas!* Wir schwitzen. Dann pfeift der „Kenek", es geht los, 25 Kilometer bis „Kefamenanu".

Ach, der „Kenek": Als die Niederländer über 200 Jahre lang als Kolonialherren die Geschicke ihres bedeutenden ostindischen Überseereiches lenkten, exportierten sie nicht nur Güter wie Zucker, Kaffee und Chinin nach Europa. In den goldenen Zeiten der VOC, der „vereinigten ostindischen Handelskompanie", als die vollbeladenen Schiffe Hollands Ruhm und Reichtum über den indischen Ozean verschifften, brachten die Niederländer auch etwas eigenes mit auf den indonesischen Inselarchipel zurück: Den „Kenek". „Kenek", ein Wort aus der niederländischen Sprache und ebensoviel bedeutend wie zu deutsch „Knecht", war eigentlich zuallererst einmal jeder, der für die Kolonialherren schuftete. Ein Knecht eben im wortwörtlichen Sinne.

Heute ist „Kenek" hingegen eines der wichtigsten Worte im indonesischen Straßenverkehr: Der „Kenek" ist derjenige Mann, der den öffentlichen Verkehr des Inselarchipels am laufen hält. Er sammelt Reisewillige zusammen, bis die alten Busse platzen. Er belädt die sogenannten „Tuk-Tuks", „Bemos" und „Teksis" mit Wagenladungen von Maiskolben in wenigen Minuten. Er bindet Ziegen so am Dach der alterschwachen Busse fest, dass sie auch bei einer zehnstündigen, holprigen Fahrt nicht hinunterfallen – und zudem keinen Ton von sich geben. Er klemmt sich mit zwei Zehen und einer halben Hand von außen an das Fenster eines rasenden VW-Busses, um mit streitlustigen Insassen über den Fahrpreis zu verhandeln. Er ist immer da, schläft nicht, braucht kaum Geld. „Kenek" kann jeder werden, doch nicht jeder ist dazu berufen. Und kaum einer hält es lange durch.

Wie sieht so ein „Superman" aus? Ich blicke in die Augen eines ca. 15-jährigen, ziemlich zerlumpten, mageren Jungen. Freundlich lacht er mir ins Gesicht, auf einem Fetzen Papier schreibt er den Fahrpreis auf. Ich lache meinerseits, setzte ein Drittel des Preises dagegen. Schnell werden wir uns einig, umgerechnet wenige Cent bis „Kefamenanu". Ich zahle. Jemand ruft. Durch das Fenster klettert er nach außen, die Ziegen sollen vom Dach.

Wenige Cent bis „Kefamenau". 25 Kilometer bis „Kefamenanu". Leider über 4 Stunden bis „Kefamenanu". Als wir auf den holprigen, zerschlammten Feldwegen in das Städtchen einschlingern, scheinen die letzten Sonnenstrahlen über die kleinen Hütten. Wir sind tüchtig durchgeschüttelt. Ein rauchender Vulkan erhebt sich im untergehenden Licht, ich erahne eine Kirche am Rand der Siedlung. Der Bus setzt uns vor einem kleinen Hostel ab. Wir grüßen, der „Kenek" winkt, wieder sind wir allein.

In der Pension beginnt die übliche Verhandlung. Was, wie lange, wieviel? Die Kommunikation ist recht schwierig, keiner versteht hier Englisch. Eine schwangere Frau rennt nach dem Hausbesitzer. Er kommt, bringt 5 Freunde mit.

Doch diese Leute sind sehr freundlich, über Gestik und Mimik kommen wir uns näher. Schnell werden wir einig, wir können ein kleines Zimmer beziehen. Moskitos surren im surrealen Halblicht. Es ist stickig. Ein Eimer mit Wasser ersetzt gewohnterweise Bad und Dusche, eine Ratte verschwindet im Abguss. Bevor alles zumacht, eilen wir noch auf die Strasse. Schließlich haben wir noch nichts ordentliches gegessen – dabei waren wir heute morgen noch in Osttimor, gute 40 Kilometer entfernt! In einem kleinen Laden werden wir exzellent bewirtet. Würzig, exotisch, scharf. Dann, auf dem Heimweg, läuft uns plötzlich dieser kleine Mann über den Weg.

„Gid evining! Mi name Mr. Sosimus." Ah, jemand der – in Ansätzen – Englisch spricht. Freundlich grüßen wir zurück, kommen ins Gespräch. Ums uns stauen sich die Leute. „You tourist... here seven years... no white." Was, wir sollen hier die ersten Weißen seit 7 Jahren sein? „Big war – East Timor. All dead." Ja, das ist klar, wegen der Unruhen in Osttimor hat sich kein Mensch mehr freiwillig in die umkämpfte Grenzregion getraut. Ein Blick in den Reiseführer verrät Grausames: Hier sollen Flüchtlinge aus Osttimor mit der Bevölkerung aneinandergeraten sein. Das Militär ging dazwischen, viele Tote soll es gegeben haben.

Mr. Sosimus reibt sich die Hände, strahlt uns freundlich an, scheint nach Worten zu suchen. Dann findet er sie: „Here king. You come... tomorrow. 3 o'clock." Doch was nun? Einen König soll es hier geben? Wir sollen kommen, um drei Uhr? Wohin? „I send woman... 3 o'clock. Big party. King happy." Er schüttelt meine Hand, die Leute um uns lachen. Er redet etwas zu ihnen auf indonesisch (oder tattun?), sie scheinen sich zu freuen, das Gelächter wird lauter. Ein Junge ruft etwas aus, dann rennen drei Männer weg. Nochmals schüttelt er meine Hände, strahlt dabei über das ganze Gesicht. „Gid bye" grinst er, dann ist er weg. Wir stehen wie betäubt.

Friederike findet als erste die Sprache zurück. „Nun, wir sollten uns morgen um drei nichts vornehmen." Langsam laufen wir zurück, die Stimmen des Urwaldes werden lauter. Müde sinken wir in die Betten und unter die Moskitonetze. Den Schlaf haben wir uns verdient.

Am nächsten Morgen erscheint alles recht eigentümlich. Was wollte er nun eigentlich? Ich beuge mich über den Wascheimer. Sollen wir bleiben? Die Herberge ist nicht sonderlich hygienisch, das Städtchen ist klein, die Anbindung nach außen schlecht. Zudem gibt es hier in Westtimor noch immer eine extrem hohe Malariagefahr, rote Flecken sprenkeln das gesamte Zimmer. Auch ich habe letzte Nacht wieder etliche Moskitos an der Wand zerschlagen, im Gegenzug einige Stiche bekommen. Es juckt. Ich gieße mir Wasser in den Nacken. Nun, aber warum nicht. Ein Ruhetag würde uns auch ganz gut tun. Dann könnten wir wenigstens mal wieder den „Schmutzwäschesack" auf Vordermann bringen – für die nächste Grenze. In einem kleinen Waschzuber fangen wir hinter dem Haus an zu schrubben. Einige Schweine schauen uns zu, ansonsten sind wir allein. Der

Vormittag verstreicht schnell. Um 12 Uhr sind die Sachen im heißen Tropenwind schon wieder getrocknet, ich döse in einer Hängematte.

Plötzlich tippt mir eine alte Frau auf die Schulter. Friederike kommt aus dem Zimmer. Ah, schon viertel drei. Ist das die besagte Frau? Sie winkt uns, wir sollen folgen. Ich werfe mir das frischgewaschene Hemd über, wir gehen durch das Dorf. Hinter uns eine Schlange von Menschen, die immer länger und länger wird.

An einem weitläufigen Grundstück am Rand des Dorfes stoppen wir. Ein rundes Haus auf Säulen, verziert mit merkwürdigen Symbolen, liegt als größtes Gebäude im Zentrum des vom Dschungel gerahmten Geländes. An diesem Haus bewegt sich einiges; ca. 150 Leute gehen, stehen, sitzen, reden, lachen, kochen, tanzen. Alles wuselt durcheinander, ich habe kaum Zeit alles wahrzunehmen. Ein Großteil dieser Menschen erscheint ausgesprochen gut angezogen, bunte Farben leuchten uns entgegen, rote Flaggen hängen schlaff in der Hitze des frühen Nachmittages. Am Rand der Fläche spielt eine kleine Musikgruppe auf Glocken und fremdartigen Saiteninstrumenten. Und dann sieht man uns. Die Musik verstummt. In diesem Moment haben wir sämtliche Blicke auf unserer Seite.

„Oh mi god. Welcome!" Mr. Sosimus vom Vorabend springt uns entgegen. „Welcome! King is waiting you!" Man bildet eine Gasse, langsam führt uns Mr. Sosimus zum Haus. Im Zentrum der runden Fläche, im Mittelpunkt der Säulen, umgeben von alten Männern, fremden Zeichen und eigenartigen Symbolen sitzt ein junger Mann mit rotem Käppi und schlichtem weißen Hemd. Mr. Sosimus stellt uns vor: „King Hendrikus Raja Bana Nai Neno II." Unsicher stehen wir vor dem jungen König, deuten eine Verbeugung an. Er steht auf, kommt auf uns zu, schüttelt unsere Hände. Mr. Sosimus fährt fort: „Mr. Thomas Heller and Mrs. Frieda Ilse-Heller." Jemand schlägt eine Pauke. Der König lacht. „Welcome!" Man geleitet uns zu zwei Plätzen im Kreis an den Säulen, wir setzen uns, Mr. Sosimus zur linken, der König gegenüber.

Großes Erstaunen, große Neugier bei allen. Unzählige Augen schauen uns an, alte, stolze Männer, in der zweiten Reihe Frauen, buntgeschmückt, farbenfrohe Stoffe. Die kleine Musikgruppe spielt wieder. Man flüstert, tuschelt, wir schauen uns um. Kinder luken zwischen den Säulen des Hauses hindurch. Überall sind diese mit Zeichen und Symbolen bemalt; Tierbilder, Photos, Briefe hängen an langen Stricken.

Der König winkt. Die Musik verstummt erneut, eine geschmückte Frau erhebt sich. Sie geht ins Zentrum der Säulen zum König, erhält ein Tablett, bringt es zu uns. Der König lacht. Ich schaue auf dieses Tablett, sehe ein grünes Blatt, eine hölzerne Dose mit weißem Pulver (Kokain, schießt es mir kurz durch den Kopf) und ein Stück knorplige Rinde. Wieder lacht der König. Mr. Sosimus stößt mir in die Rippen, murmelt etwas. Ah, ähm, ja, soso... ein Begrüßungsgeschenk. Und nun? Die Frau wedelt mir die Utensilien vor der Nase herum. Mach was! Langsam nehme ich die Rinde, rieche daran, lächle. Ah, der König lacht noch immer. So werde ich mutiger; greife zum Blatt, rolle die Rinde ein. Vorsichtig schaue ich in die Runde. Mr. Sosimus stößt mir aufmunternd in die Rippen. „Eet it! Happy!" Ich streue das Pulver über die ganze Ladung. Mund auf!

Langsam kaue ich Rinde, Pulver und Blatt. Alle lachen! „Welcome", ruft der König. Ein scharfer Medizingeschmack steigt mir über den Gaumen in die Nase. Sie beginnt zu laufen. Ich schlucke, kaue weiter. Die Rinde ist hart. Der Rest beginnt zu schäumen, Blasen bilden sich, sprudeln aus dem Mund. Friederike schaut mich entsetzt an. Mein Hals wird taub. Alle schauen zu. Plötzlich tropft es auf meine Hose: Blutrot. Blutroter Speichel. Ich erschrecke, schlucke alles mit einem Mal hinunter. Mr. Sosimus klopft mir auf die Schulter: „Welcome!"

Später lesen wir in einem Reiseführer nach, erfahren von der „Betelnuss", die traditionell Gästen am Beginn einer jeden Begegnung gereicht wird. Die leichte Droge betäubt den Hunger und schafft ein angenehmes, entspanntes Wohlgefühl, schäumt nur leider ungeheuer, färbt den Speichel für Stunden blutrot und greift bei zu häufigem Kauen die Zähne an – bis nur noch Stümpfe bleiben.

Ich schaue zu Mr. Sosimus, sehe ihn lachen. Hinter ihm sitzt eine ältere Frau, auch sie lacht, intensiv, benommen. Blutrot leuchten Zahnreste aus einem schiefen Mund. Der König winkt zum zweiten Mal, eine neue Frau erhebt sich. Sie greift nach Friedrikes Hand, führt sie in die Mitte der Säulen. Von allen Seiten kommen nun andere Frauen nach vorne, sie tragen Tücher, Haarschmuck, Blumen. Langsam kleiden sie Friederike in ihre althergebrachte Tracht, frisieren ihr die Haare. Bunt geschmückt kommt sie zurück. Ein alter Mann kommt, auch ich erhalte Rock, Schärpe und Mütze, nehme festlich geschmückt wieder neben Mr. Sosimus Platz.

Nun scheint alles für den offiziellen Teil diesen besonderen Empfanges vorbereitet zu sein. Der König erhebt sich. Langsam schaut er in die Runde, alles verstummt. Freundlich blickt er uns an. Jemand schlägt eine Glocke. Er beginnt auf Indonesisch zu reden, vielleicht 30 Minuten. Ziemlich lang. Alle lauschen. Wir verstehen kein Wort. Hin und wieder deutet er auf uns. Dann freuen sich alle, nicken, winken. Wir winken zurück. Mr. Sosimus stößt mir in die Rippen: „King happy!". Wir nicken bedeutungsvoll.

Dann spricht uns der König direkt an. Mr. Sosimus übersetzt: „Now questions. You embedassor. We friends!" Langsam dämmert uns die ganze Tragweite dieses Ereignisses herauf: Wir sind zu einem wirklichen Königsempfang eingeladen. Neben dem halben Dorf und seiner privaten Musikcombo hat der König offensichtlich noch die Ältesten der umliegenden Dörfer eingeladen, und als Botschafter der Kulturen sollen wir nun den interkulturellen Dialog mit diesen Männern üben. Sie wollen uns fragen. Nun gut, gerne, sollen sie fragen!

Ein alter Mann tritt in den Kreis, spricht etwas auf Indonesisch. Mr. Sosimus übersetzt: „How water in your country?" Ich schlucke die Reste der Betelnuss hinunter, hebe an zu einem 5-minütigen englischen Exkurs über kalten Regen,

Schnee, Saale, Elbe und trinkbares Leitungswasser. Mr. Sosismus übersetzt in 20 Sekunden. Doch alle applaudieren. Das macht Mut.

„How education in Germany?" Friederike erzählt. Mr. Sosimus übersetzt. Alle applaudieren.

„How sex before marry in your country?" Mr. Sosimus stößt mir wiedermal in die Rippen. „King very traditional man!" Ah, alles klar. Ich führe eine emphatischen Rede: „Sex, vor der Ehe, bei uns in Deutschland?! Nie! Ich meine, die Jugend tut es natürlich, das können wir nicht verhindern. So ist Jugend nun mal: Sie widersetzt sich immer allen Traditionen. Aber meistens versucht man es doch unbedingt zu vermeiden." Mr. Sosimus übersetzt, alle nicken. Jaja, diese Jugend!

„How english language in Germany?" Friederike erzählt über unseren Schulunterricht. Mr. Sosimus übersetzt, und wieder applaudieren alle. Der König erhebt sich, winkt uns zu. „English good. Communication in world. We friends." Heh, auch der König spricht ein ganz gutes Englisch! Doch dann kommt es noch besser: Er geht auf uns zu, schüttelt erneut unsere Hände. „Think global, act local for peace and solidarity!" Und wieder lacht er uns ins Gesicht. Wir sind gerührt. Dann ein neuer Wink dieses eigenartigen Herrschers und von überall her strömen Kinder heran. Autogrammstunde! Eine bunte Traube aus Menschen rennt auf uns zu, schluckt uns. Wir kriegen kaum noch Luft, schütteln Hände, werden erdrückt, schreiben Adressen und Unterschriften auf, malen Landkarten von Deutschland und unserer Reiseroute. Die Ältesten und der König gehen aufgeregt lachend umher, jeder in dieser Runde scheint sich irgendwie zu freuen. Ich erhalte eine Hand voll Betelnüsse. Dann kommen wieder unsere Friseure, entkleiden uns. Unter großen Applaus ziehen wir uns langsam zurück, treten benommen auf die Straße. „Was war denn das", ruft mir Friederike lachend zu. Hand in Hand bummeln wir auf Umwegen ins Dorf zurück. Ich schiebe mir eine Betelnuss zwischen die Zähne.

- - -

Zehn Minuten später kommen wir auf dem Marktplatz an. Dort ist großer Trubel, ausgerechnet heute feiert Indonesien seine Unabhängigkeit von den niederländischen Kolonialherren! Unabhängigkeitstag! Wir fassen es nicht, kaum in Asien und alles scheint sich gleich doppelt zu überschlagen. Ein Umzug mit farbenfrohen Gefährten rollt an uns vorbei, Leute winken, lachen, tanzen. Überall ist Leben, Freude, Spaß. Unweit des Marktes bummeln wir über eine Wiese, auf der illegale (weil im islamischen Indonesien verbotene) Glücksspiele abgehalten werden. Zwei Hähne rüsten sich zum Kampf. Ich werfe drei Ringe über eine Flasche, gewinne ein Bier. Dann ein Karaoke-Wettbewerb, dumpf bullern die Beats durch den Dschungel. What a day!

Und doch müssen wir weiter. Am übernächsten Tag brechen wir wieder auf, reisen Richtung Westen. Kleine Jungs nehmen uns auf ihren Motorrollern mit. Dschungel, Vulkane, Straßen wie Waschbretter. Nach Tagen erreichen wir Kupang, die Hauptstadt Timors. Hier gibt es endlich all das Gute zu essen, für das die indonesische Küche so berühmt ist, wir genießen *Sate* (kleine Fleischspiesschen in Erdnusssoße), *Mie Goreng* (gebratene Nudeln) und vieles mehr. Die bittere Erinnerung an Osttimor läuft im *Arak*, dem aromatoischen Kokosnussschnaps, herunter. Auf einem von der Sonne verbrannten Feld am Rand der Stadt zeigt uns ein Mann eine Felsspalte, lädt uns ein, mit ihm nach unten zu klettern. Wir folgen, finden 30 Meter unter der Erde einen glasklaren, dunkelblau-leuchtenden See. Die Strahlen der Sonne reichen noch gerade hinunter, malen Figuren in das geheimnissvolle Wasser. Freudig ziehen wir unsere Sachen aus. Ein magischer Ort!

Und wieder geht es weiter, auf einem rostigen Fährschiff fahren wir Richtung Flores, die berühmte „Insel der Blumen" lockt. Während die Vulkankegel Timors an Steuerbord vorbeiziehen, nehmen wir uns an der Hand. Eigentlich geht alles gut los in den Tropen, in Osttmior und Indonesien. Hoffentlich bleibt es so. Also: *Selamat pagit –* und bleiben Sie gesund.

Der Tod auf Reisen

Im ersten Bus in Flores vergesse ich unser Zelt. Verärgert schaue ich den Rücklichtern nach, plötzlich hält ein kleiner, vielleicht zehnjähriger Junge auf seinem Motorroller. Schnell werden wir uns einig, brettern mit irrsinniger Geschwindigkeit dem Bus hinterher. Der scheint eher noch zu beschleunigen, doch als wir endlich nach Kilometern aufschließen und ich brutal an das hintere Fenster klopfe und schließlich zur offenen Tür einsteigen will, hält auch er an. Vermutlich hat der Busfahrer auf irgendein verlorenes Portemonaie gehofft, schießt es mir durch den Kopf. So ein Strolch! Doch das Zelt ist noch da, so können wir uns in Frieden trennen. Der kleine Junge bringt mich zurück zu Friederike, wir beschließen, für die Nacht eine Bambushütte am Strand zu mieten. Der freundliche Besitzer ist redseelig. Bei mehreren Gläsern *Arak* beginnt er lachend von „typical" Touristenunfällen zu erzählen: „Wußtet ihr schon, dass herabfallende Kokosnüsse jährlich mehr Menschen töten, als bei Haiangriffen sterben?"
Amüsiert gießen wir uns nach, doch auch er legt noch einen Zahn zu: „Letzten Monat hatte ich vier Australier als Gäste, die allesamt Malaria bekamen... aber mir geht's prächtig", lächelt er uns an. „Und die Australier?" „Die wurden ins nächste Krankenhaus gebracht – vier Stunden entfernt – wo dann auch noch zwei Schwestern Malaria bekamen. Schließlich ging es den Australiern immer schlechter, sie beschlossen, nach Darwin zurück zu fliegen. Aber es haben dann doch nur noch drei lebendig geschafft." Irritiert sehen wir uns an. Hoffentlich geht bei uns alles gut! Abends gehe ich auf Moskitojagd, schlage alles Summende in der kleinen Hütte tot. Mal schauen.
Dann geht es erneut weiter, mit kleinen Bussen tuckeln wir Richtung Westen. Reisfelder rollen am Fenster vorbei, die rauchenden Vulkankegel ragen immer höher empor. Abends baden wir in heißen Quellen, die hier zu vielen Dörfern dazu zu gehören scheinen. Frauen waschen Wäsche in mitunter kochend heißen Bächen, rühren mit Stäben im dampfend-schaumigen Wasser. Dann erreichen wir Keli Mutu, eine eindrucksvolle Vulkanlandschaft im Inneren der unwegsamen Insel. Drei verschiedenfarbige Seen leuchten türkis, gelb-braun und schwarz aus einem steilen Krater empor. Voller Freude taufen wir den tiefschwarzen See auf den Namen „Stiefmutternsee" und laufen einmal um den eindrucksvollen Vulkan herum. Und dann geht es wieder weiter, von Bus zu Bus zu Bus zu Bus.
Irgendwo auf diesem zerklüfteten Hochplateau bekomme ich Fieber und Schüttelfrost. Wir sind gerade in einem vollgestopften *bemo* unterwegs, die Sonne feuert aufs Dach, Ziegen blöken. Ein Ort namens „Ende" zieht vorbei, wieder kommen zahlreiche Serpentinen. Vulkankegel. Die Straße schüttelt uns durch. Ein Waschbrett. Und dann, ganz eigenartig, mir wird kalt. Ein leichter Schauer legt sich über meinen Rücken, ich beginne zu zittern. Kopfschmerzen.

Wir erreichen Bajawa, ein kleines Dorf, meine Blase versagt. Am Rand des Marktes pinkle ich auf ein schmutziges Rasenstück, hocke mich benommen daneben.

Friederike macht sich Sorgen, findet schnell ein kleines Hostel. Zerschlagen falle ich in das dreckige Bett. An der Decke dutzende Moskitos, wir bauen unser Netz auf. Fiebrige Träume kommen, doch sie bleiben nicht lang. Immer wieder wache ich auf, schlafe unruhig wieder ein. Auf nächsten Morgen ist das Fieber noch immer da. Zusammen mit den Kopf- und Gliederschmerzen rätseln wir an der Ursache herum, kommen von Malaria zu Grippe zu Dengue und immer wieder zu Malaria. Ach, es ist bestimmt Grippe! Die Wirtsleute, ein älteres islamisches Ehepaar, schauen vorbei, können jedoch nicht helfen und verstehen auch nichts. Englisch kann hier keiner. Und dann kommt doch noch ein junger Mann, Sylvester, mit einigen Brocken Englisch. Er erzählt von einer Ortsapotheke, wo wir einen Bluttest machen können. Wir sagen zu, benommen taumele ich durch den kleinen Ort. Plötzlich wirkt alles bedrohlich: Hunde rennen vorbei, fremde Menschen. Palmen hängen schlaff in der flimmernden Hitze. Hähne krähen, unheimlich, laut.

Die Apotheke besteht aus einer kleinen Hütte, schnell sollen wir eintreten. Eine Frau zieht eine Plastikdose mit lose liegenden (und benutzten?) Nadeln hervor, legt ein Glasplättchen bereit. Auf der Unterseite prangt ein großer Blutfleck. Wie wäre es zusätzlich noch mit AIDS, schießt es mir durch den Kopf. Friederike kramt im Rucksack herum, holt unsere Kanülen aus Deutschland hervor, bittet um ein sauberes Blättchen. Das ist schnell geholt, ein kurzer Piks in den Finger, dann wird alles auf dem Glas breitgeschmiert. In zwei Stunden können wir wiederkommen.

Eine Stunde später sind wir wieder da. Die Frau grinst uns an. „Ada malaria, malaria tertiana." Die Zeit friert ein. Ganz ruhig stehe ich am Fenster der kleinen Holzhütte. Ein vorbeifahrendes Auto wirbelt Staub auf. Ich trete aus mir heraus. Die Sonne scheint, auf einer endlosen Leinwand läuft ein Film. Der Vorführer hat sämtliche Register gezogen, ein 360 Grad-Rundkino mit Gerüchen und echter Hitze. Ruhig, unbeteiligt sitze ich im Sessel. Habe ich noch Popcorn? Teilnahmslos schaue ich umher. Eine Werbung flackert über die Leinwand: „Die Wüste ist der einzig wahre Ort der Erkenntnis." Ein Rotkreuzzeichen leuchtet. Und ein neuer Film, Friederike erscheint, sie schiebt einer fremden, ausländisch aussehenden, weiß gekleideten Frau etwas zu. Die gibt ihr irgendwelche Päckchen, erhält dann Geld. Mit Händen und Füßen versuchen sie miteinander zu reden, doch offensichtlich ist das nicht so leicht. Friederike schlägt in einem Buch nach: „Malaria. Krankheit, übertragen von Moskitos, die durch ihren Stich Parasiten in den menschlichen Blutkreislauf injizieren. Vermehrung dieser in den roten Blutkörperchen, mit jeder Geschlechtsreife: Zerstörung der roten Blutkörperchen, Zerstörung des Blutes. Die Folge: Massiver Ausfall der Blutfunktionen, Verstopfung der Adern, hohes Fieber. Unbedingt einen Arzt konsultieren!" Nun, das geht mich nichts an. Die Leinwand scheint immer dunkler zu werden. Nur die Hitze bleibt. Eigentlich mag ich keine Coca-Cola. Aber ob ich hier im Kino noch irgendwo eine eiskalte bestellen könnte?

Dann liege ich im Bett. Ein Moskito hat sich unter das Netz verirrt, ich zerdrücke ihn zwischen den Fingern. Friederike kommt, reicht mir Tabletten. Die Prophylaxe hat offensichtlich versagt, also soll ich nun Lariam nehmen. Lariam! Unser stärkstes von zu Hause mitgebrachtes Malariamedikament mit extremen psychischen Nebenwirkungen. Entwickelt im Vietnamkrieg, getestet von US-Soldaten, deren Selbstmordrate dann extrem anstieg. Der Arzt bei der „Tropenberatung" im kleinen Bad Dürrenberg riet vehement ab. Und nun: Die volle Notfalldosis, sechs Tabletten. Ich schlucke die Chemie hinunter, bitterer Geschmack beißt mir in die Zunge, steigt bis in die Nase. Dann schlafe ich ein.

Dann wache ich auf. Etwas ist mir ins Auge gekommen, beißt in den Pupillen. Träge summen die Moskitos an der Decke, ein Hahn kräht. Der Juckreiz im Auge wird stärker, unbeholfen schmiere ich darin herum. Plötzlich scheint mir der Dreck hinter das Auge zu rutschen, klemmt sich zwischen Augapfel und Gehirn fest. Verzweifelt ziehe ich an meinen Liedern, doch der Juckreiz wird immer stärker. Und dazu dieses Gefühl: Da ist etwas hinter deinem Augapfel! Ich wälze mich im Bett, ein Fieberschauer kommt. Friederike kommt, spült mein Auge mit Wasser aus. Nichts, keine Besserung. Sie zieht von einer Spritze die Kanüle ab, versucht hinter dem Augapfel alles auszuspülen. Keine Besserung. Es juckt. Dann kommt der Schweiß. Das Bettlaken klebt. Wir basteln eine Augenklappe. Wir messen Fieber. Ich friere. Die Augen fallen zu. Ich sitze in einem schmalen Raum. In der Ecke eine Eule, anstatt eines Kopfes hat sie einen Totenschädel. Sie sieht mich, fliegt mit unvorstellbarer Geschwindigkeit auf mich zu. Ihre Flügel rauschen, erfüllen den Raum. Ich versuche auszuweichen, knalle mit dem Kopf gegen die Zimmerwand. Der dröhnende Schmerz in meinen Schläfen weckt mich. Draußen kreischen die Hähne, wieder und wieder. Ich will hinausgehen, ihnen die Hälse umdrehen, abreißen! Ich will doch nur schlafen, schlafen, schlafen...

Die Besitzer unseres Hostels kommen. Die Frau bringt mich aus dem Zimmer, setzt mich im Vorhof auf einen Korbstuhl. Benommen sacke ich zusammen. Sie zieht mir bis auf kurze Hosen alles aus, zwei Mädchen beginnen Teebaumöl, Zwiebeln und Knoblauch in einer Schüssel zu zerreiben. Zwei Jungen treten hinzu, füllen das Öl in unterschiedliche Schalen. Dann fangen sie an mich zu massieren, die Besitzerin am Kopf, die Mädchen an den Armen, die Jungen an den Beinen. Schlaff hänge ich im Stuhl, es riecht nach Knoblauch. Ich klebe, möchte mich übergeben und den krächzenden Hähnen ihre Hälse abreißen. Friederike soll ein Photo machen, weigert sich. „Wenn es das letzte ist?" Die Träume kommen, gehen. Das Fieber kommt, es geht. Es wird Nacht, Tag, Nacht.

Dann bleibt das Fieber aus, wir denken, es geschafft zu haben. Freudig esse ich eine Portion gebratenen Reis, die erste richtige Mahlzeit seit Tagen. Dann kommt das Fieber mit voller Stärke zurück, ich versuche das Thermometer durch meine Willenskraft zu bezwingen. Nichts. In der Nacht liegen wir schlaflos nebeneinander. „Und wenn Du jetzt stirbst?" Wir wollen nach Hause. Wenn es jetzt ein Flugzeug gäbe, würden wir einsteigen. Aber es gibt keines, der nächste internationale Flughafen ist in Bali, gute 1.000 Kilometer entfernt, der nächste englischsprechende Arzt vermutlich auch. Beängstigt schauen wir in die Dunkelheit. Dann kommen sie wieder, die Träume. Ich nehme eine neue Sorte Medikamente, neue Chemie.

Am nächsten Abend bringen mich unsere Herbergseltern nach oben in ihre Wohnung. Im Schneidersitz hocke ich mich hin, der Mann beginnt gewohnt Rücken und Kopf mit Öl, Knoblauch und Zwiebeln zu massieren. Plötzlich hört er auf, stellt sich hinter mich. Ich spüre, wie seine Arme in der Luft kreisen. Friederikes Augen – mir gegenüber sitzend – werden starr, blicken gebannt auf seine Gestalt. Irgendetwas passiert hier, kann ich wahrnehmen, wage es jedoch nicht, den Kopf zu wenden. In einer eindrücklichen Stille sausen seine Arme durch die Luft. Dann kommt es: Ein leichtes Brummen, an der Grenze vom Hör- zum Fühlbaren, liegt im Raum. Eine Geisteraustreibung. Dann ist es vorbei. Ich tappe nach unten, übergieße mich mit kaltem Wasser, wasche den Knoblauch ab. Es geht einigermaßen gut. Müde falle ich ins Bett, schlafe lang.

- - -

All das sollte eine knappe Woche dauern. Endlich geht das Fieber zurück. Doch wir sind geschafft und recht beängstigt. Langsam lassen auch die Nachwirkungen des Lariams nach, mein Geist kehrt in den Körper zurück, wird freudig begrüßt. Vielleicht habe ich mich mit dem Hai getäuscht, vielleicht ist der Tod vielmehr wie ein heißer Fieberschauer, der in Chaos und Verwirrung zu uns kommt, wenn alle klaren Gedanken uns verlassen und nur noch wirbelnde Hitze zurückbleibt. Wenn wir nur noch schlafen wollen...

Als ich wieder einigermaßen transportfähig bin, beschließen wir schnellstmöglich nach Bali zu fahren. Auf der Touristikinsel gibt es garantiert auch entsprechende Ärzte, und so mieten wir uns – dank europäischer Brieftasche – ein Auto mit Fahrer, fahren einen Tag lang über die holprigen Pisten nach Maumere zum nächsten großen Fährhafen. Geschlossen müssen wir brechen, Friederike leidet unter starker Migräne. Doch in Maumere haben wir Glück, am nächsten Morgen geht ein Schiff nach Bali. Wir mieten uns ein, das erste und einzige Mal, dass wir erster Klasse fahren. Die Klimaanlage des neuen, in Deutschland gebauten Schiffes ist so kalt, dass die Indonesier Kaugummis und Abfälle in die Kühlstützen stopfen bis die Anlage schließlich ausfällt. Verärgert schlafen wir ein.

Am nächsten Morgen sind wir schon in der Meerenge von Lombok, Bali kommt in Sicht. In verschwenderisch-grünen, tropfnassen Farben ragen die gewohnten Vulkankegel empor. Wir landen an einem belebten Hafen, fahren mit einem

Kleinbus zur größten Stadt Denpassar, finden ein nettes Hostel. Dann machen wir uns wieder auf, suchen einen englischsprachigen Arzt. Im Krankenhaus haben wir Erfolg, eine Ärztin nimmt mich unter ihre Fittiche. Alles scheint soweit in Ordnung, wir können das Beste hoffen. Die Medikamente (oder die Geisteraustreibung?) haben offensichtlich angeschlagen. Wir klatschen uns in die Hände, kaufen bei Dunkin'Donuts einen riesigen Schokoladen-Donut. Dann fahren wir ins Hostel, hauen uns ins Bett. Ich schlafe gut.

Knapp zwei Wochen bleiben wir auf der „Insel der Götter". Ich erhole mich, unternehmungslustig machen wir einige Touren ins Landesinnere. Auf einem kleinen Markt packt uns eine Art „Kaufrausch", wild kaufen wir unnütze Souvenirs durcheinander, müssen am Ende ein schweres Paket mit silbernen Kerzenständerdrachen, gelben Strohhüten, Stoffen und Sandelhölzern nach Hause senden. Wozu, fragen wir uns, und jetzt kann ich antworten: Weil wir leben! Frauen mit verschlammten Füßen stehen in den immergrünen Reisterrassen, Kinder tollem umher. Das Sate schmeckt wunderbar, der Arak auch.

Dann komme ich an einem heißen Nachmittag nach Kuta Beach, dem „Ballermannstrand" Balis. Am Wasser ein kleines Gebirge: Überall liegen dicke, weiße Bäuche, die von schlanken Asiatinnen massierend bestiegen werden. In den Tälern: Ausflugsverkäufer, Süßigkeitenverkäufer, Massagenverkäufer, Tierverkäufer, Frauenverkäufer. Diskotheken und Pubs reihen sich aneinander, halbnackt und aufgetakelt zugleich laufen die Menschen auf den Straßen herum – im größten islamischen Land der Erde. Zwei Wochen später sollten genau hier die Bomben explodieren, die über 90 Menschen das Leben kosten sollten. Was für ein Wahnsinn – auf beiden Seiten!

Wir machen uns wieder auf den Weg. Auf einem rostigen Fährschiff setzen wir nach Java über, genießen im Schatten eines riesigen Vulkankegels in einem kleinen Dorf den ersten herrlichen Java-Kaffee. Ringsum zischen Ratten durch die Gassen. Der gewaltige Vulkan (Kava Ijen) reizt uns, am nächsten Tag stehen wir früh auf, packen die Sachen. Mit Kleinbussen und Jeeps arbeiten wir uns langsam an seinem Hang entlang empor, die Vegetation wird mit zunehmender Höhe immer dichter, grüner, tropfender; die Wege immer verlassener, verschlammter, schwieriger. Dann bleiben die Autos stehen, wir gehen zu Fuß weiter. Auf einen Schlag weicht die dampfende Vegetation einem kargen Felsboden, Schwefeldämpfe liegen nun in der Luft. Noch immer ist der Kegel zwei Kilometer entfernt, zwischen abgestorbenen Geisterbäumen gehen wir weiter nach oben. Schweiß läuft am Kragen hinunter zum Rücken. Große Bastkörbe mit riesigen Schwefelbrocken, mindestens 80 Kilogramm schwer, stehen am Rand des engen Pfades. Offensichtlich wird im Krater kristalliner Schwefel abgebaut, dann auf dem Rücken bergab getragen. Ein kleiner Mann kommt uns entgegen, gedrückt von jahrelanger Schwerstarbeit. Die Gestalt schief, verwachsen. Zwei Bastkörbe, verbunden durch die über seiner rechten Schulter liegende Holzstange, schaukeln an seinen Seiten. Dann erreichen wir den kilometergroßen Kraterrand, sehen zu einem türkisgrünen, kochenden Giftsee hinunter. Überall strömt gelber Schwefel aus Rissen in der bröckligen Wand. Aussicht wie Gestank sind atembraubend. Ein schmaler Weg schlängelt sich nach unten, hier und da stehen Körbe mit kristallinem Schwefel. Ganz unten am Rand des Sees, nahe bei einer besonders großen Schwefelausströmung, sehen wir eine Felswand gelb leuchten – dort muss offensichtlich der Schwefel abgebaut werden. Hier hätten wir umkehren sollen.

Doch ohne auch nur eine Sekunde zu überlegen, steigen wir im Krater nach unten. Das müssen wir näher sehen, denken wir uns übermütig. Einigermaßen vorsichtig bahnen wir uns unseren Weg auf dem bröckligen Pfad. Der Gestank wird immer stärker, Steine rollen nach unten. Ein junger Indonesier begegnet uns, sieht uns teilnahmslos aus vereiterten Augen an. Links strömen gelbe Gase aus der Erde, pfeifen wie hundert Lokomotiven. Dann erreichen wir den Rand des Sees, große Blasen blubbern im türkisgrünen Wasser. Eine zweite, unheimlich zischende Schwefelausströmung liegt nahe am Ufer, wird vom Wind auf die andere Kraterseite getrieben. Gelb glänzen die Felsen im unwirklichen Licht. Kristalliner Schwefel, ca. einen halben Meter dick. Dann läßt der Wind nach, plötzlich ist alles still. Senkrecht steigt der Schwefeldampf nach oben. So muß der Weg zwischen Leben und Tod sein: Ein kleiner Streifen festes Land zwischen kochendem Wasser und stinkenden Gasen; anfällig, gefährdet, unruhig.

Plötzlich kommt wieder Wind auf, allerdings aus anderer Richtung. Innerhalb von Millisekunden sind wir von der kochend-heißen Wolke umschlossen. Es stinkt unglaublich! Die Sicht ist gleich Null, gelbe Schwaden wogen umher, brennen auf der Haut. Wir fassen uns bei den Händen, versuchen in Richtung des bekannten Weges zu rennen. Doch plötzlich taucht der See vor uns auf, kochendes Wasser zu unseren Füßen. Panisch versuchen wir zu atmen, doch die Lungen protestieren vor dem Ansturm heißer Schwefeldämpfe. Hustend sinken wir in die Knie, tasten uns irgendwie weiter nach oben. Heißer Dampf auf der Haut.

Dann ist die Luft wieder da; hustend, röchelnd, japsend, stöhnend und fluchend schleppen wir uns nach oben. Es kratzt, zieht und schmerzt in Rachen und Lunge. 30 qualvolle Minuten später stehen wir wieder am Kraterrand, schauen nach unten. Was sind wir doch für Idioten! Damned stupid tourists! Wir machen uns auf den Rückweg, machen uns Vorwürfe („Wenn wegen einer so blöden Sache was passiert wäre!") und machen uns in die Betten. Ein kühles Bier tut not, ich schlafe ein.

Jemand rüttelt an meiner Schulter, müde schaue ich in ein junges Gesicht. Ein Blick zur Uhr: Es ist später Abend, gegen 21.30 Uhr. Der junge Mann stellt sich vor: Fatim, Student, er möchte gern sein Englisch trainieren und hat gehört, dass wir am nächsten Morgen schon wieder abreisen wollen. Entschuldigend blickt er uns an. Ich setzte mich auf, wir plaudern etwas zusammen, kommen uns näher. Dann lädt er uns noch zu sich ein, führt uns im Mondlicht in das muslimische

Viertel des kleinen Dorfes, zeigt uns die harte Arbeit der Nachtfischer und erzählt von Konflikten und Racheakten, die unbehelligt von Polizei und Öffentlichkeit in diesem Teil Javas zwischen Hindus und Muslimen schwelen. Letztes Jahr seien es 50 Tote gewesen, ermordet meistens in der Nacht durch unbekannte Täter. Auch sein Vater ist dabei gestorben. Er geht zur Wand, nimmt eine Urkunde ab: Der Beweis, dass sein Vater nach Mekka gepilgert war. Doch über den Grund der Morde will er uns nichts erzählen, auch nichts über seinen Vater. Nebenan schreit ein vielleicht achtjähriger Junge. "Mein Bruder. Er ist stark behindert. Die Hebamme hat ihm bei der Geburt mit ihrer Zange den Kopf zerdrückt, er kann kaum laufen, essen, sprechen. Wenn der Muezzin ruft, schreit er im Gefolge immer für Minuten die ganze Nachbarschaft zusammen." Ich werfe einen flüchtigen Blick in den angrenzenden Raum, sehe eine Art Babybett mit hohem Gitter. Zwei Augen im Dämmerlicht. Bedrückt schauen wir uns an, wissen nicht, wo wir in diesem Gespräch weitermachen können. Alle guten Worte bleiben mir schmerzhaft im Halse stecken. Nach einer Tasse Tee trennen wir uns wieder von dieser eigenartigen Nachtbekanntschaft.

- - -

Am nächsten Morgen machen wir uns weiter, zuckeln mit einer alten Eisenbahn Richtung Westen. Endlose Reisfelder rollen am Zugfenster vorbei, kleiner Häuser auf Stelzen stehen im immergrünen Überfluß. Wasserbüffel wälzen sich im Schlamm. Und immer wieder: Vulkankegel, dampfende Seen, steile Hänge, kochende Quellen. Wir stoppen nahe des „Bromo", an der wohl eindrucksvollsten Vulkanlandschaft Indonesiens, steigen nachts wiedermal (doch diesmal besser informiert) zum Krater empor. Es ist unerwartet kalt, Dampf steigt von unseren Nasen auf. In einem kleinen Dorf stürzt eine Meute Hunde heran, von allen Seiten kläfft und bellt und knurrt es bedrohlich. Gehässige Augen blitzen. Ich wedle mit meinen Wanderstock umher, mache uns einen Weg frei. Die kläffende Meute stiebt zur Seite, doch läuft noch lange hinter uns her, schnappt nach unseren Versen. Ich beginne mit dem Stock kräftige Schläge auszuteilen, sie bleiben zurück. Ich hasse Hunde!
Dann stehen wir vor einem Abgrund, die Sonne geht auf. Aus dem diesigen Grau entsteht vor unseren Augen ein gewaltiger Rundkreis, ca. 10 Kilometer im Durchmesser, breit, flach, beeindruckend. Ein riesiger, uralter Krater. Im grauen Schotter ragen weitere Vulkane empor, Rauch steigt auf. Am Horizont schälen sich zusätzliche Kegel aus dem dunklen Nachthimmel. Gefrorener Tau funkelt in den ersten Strahlen, tief im Tal liegt – wie eine Streichholzschachtel – ein altes Kloster. Es ist klar, kalt, windstill. Der Rauch einiger aktiver Kegel scheint bis ins Weltall zu steigen. Atemlos photographieren wir bis schließlich die Batterien in der Kälte versagen. Acht Vulkane auf einem Bild, die gelben Danpfschwaden des Kava Ijen sind vergessen.

Und dann geht es wieder weiter, wir erreichen Surabaya, die große Stadt des indonesischen Widerstandes gegen die niederländische Kolonialmacht, und Yogjakarta, die einst mächtige Residenzstadt eines indonesischen Sultans. Der muslimische Einfluß wird zunehmend stärker, Minarette ragen gen Himmel, der Ruf der Muezzine weckt uns jeden Morgen. Frauen tragen Kopftücher. In der verwinkelten Altstadt Yogjakartas besichtigen wir den alten Sultanspalast, bestaunen einen weißen Elefanten, hören das Freitagsgebet. Ein riesiger Harem erweckt unser Interesse, wir laufen durch ein trockengelegtes, altes Schwimmbecken. Hier sollen einst täglich über hundert nackte Frauen geschwommen sein, beobachtet vom Sultan aus einem nahegelegenem Turm. Nach dem Baden habe er sich dann immer eine zum „Tee" eingeladen. Innerlich muß ich grinsen. Well, andere Zeiten.

Tage später machen wir einen Ausflug nach Borobodur, dem gewaltigsten Überrest der alten Religion in Java, dem Buddhismus. Im dampfenden Urwald steht plötzlich eine steinerne, vierkantige Pyramide. Gesäumt von Reliefs, die Geschehnisse aus dem Leben des Buddha schildern, führt ein Weg an den Seitenränder entlang spiralförmig nach oben. Sieben Etagen. Der Aufstieg der Seele, angeregt durch rechten Glauben und rechtes Leben. Eine Pilgerreise zum Himmel, die Jahre, Jahrzehnte andauern kann. Langsam gehen wir nach oben, betrachten die uralten Reliefs, verlieren uns in diesem Labyrinth des Glaubens.

Auf dem Rückweg nach Yogjakarta stoppt plötzlich unser Bus, alle Leute verlassen langsam das Fahrzeug. Unsicher sehen wir uns um, ein junger weißer Mann am Heck des Busses zuckt ebenso unsicher die Achseln, doch der Busfahrer winkt uns zu bleiben. Sekunden später betritt eine größere Gruppe indonesischer Männer den Bus, setzt sich, und weiter geht die Fahrt. Wie so oft bleiben die Türen offen, ein kühlender Luftzug zieht durch den klapprigen Bus. Die Vororte Yogjakartas kommen in Sicht. Ein Mann hinter mir tippt mir auf die Schulter, will meinen Rucksack nach hinten geben. „Um Platz zu machen..." bedeutet er mir in international verständlicher Zeichensprache. Ich sehe das nicht ein, in diesem Bus ist – im Vergleich zu vielen anderen – doch nun wirklich ausreichend Platz. Doch er läßt nicht locker, beginnt relativ freundlich an meiner Kraxe zu zerren. Der Bus fährt schneller. Aus den Augenwinkeln sehe ich, dass auch Friederike von mehreren Männer umringt ist, die alle relativ freundlich an ihren Sachen zerren. Wir versuchen ebenso freundlich zu bleiben, gestikulieren und bleiben sitzen. Doch das Gewusel im Bus nimmt zu, von hinten ruft der junge Weiße etwas auf Niederländisch.

Plötzlich kippt die Stimmung, das Gedrängel wird zum Gerangel und schließlich zur offenen Gewalt. Friederike ruft mir zu: „Pass auf deine Sache auf", dann ist sie auch schon hinter einigen Männern verschwunden. Der Mann hinter mir beginnt mir am Hals zu zerren, ich wehre mich, nehme ihn in den Schwitzkasten. Andere Männer eilen hinzu, im halb-freundlichen, halb-ernsten Kampf werde ich zur Tür gedrängt. Draußen die Vororte Yogjakartas. Friederike ruft wieder etwas, ich versuche zu ihr zu kommen. Doch die Männer lassen mich nicht, drängen mich weiter zur Tür bis ich schließlich im Rahmen stehe. Lautes Geschrei. Hinter mir noch zwei weitere Männer, die sich irgendwie noch am Rahmen festklammern. Der Bus rast weiter, ich spüre, wie eine Hand zielstrebig meinen Reißverschluß an der hinteren Hosentasche öffnet, die Geldtasche herausziehen will. Jemand schlägt mir vor die Brust, zerrt mich am Hemd. Da wird es mir zu bunt, mit aller Kraft mache ich einen krummen Buckel, stoße meinen Ellbogen nach hinten. Ein weicher Bauch. Schlaglöcher. Die beiden Männer verlieren den Halt, fliegen aus dem Bus. Wütend kämpfe ich mich in den Innenraum zurück, will zu Friederike. Da stoppt der Bus plötzlich, alle fliegen durcheinander. Rasend verlassen die Männer das Fahrzeug, irritiert stoßen wir sie von uns. Chaos. Wirbelnde Glieder. Plötzliche Ruhe. Der Niederländer ruft von hinten: „They've stolen my wallet!" „Your what", rufen wir entnervt zurück, durchsuchen unsere eigenen Taschen. Alles da, offensichtlich haben zumindest *wir* nochmal Glück gehabt. Der Niederländer kommt erregt angelaufen, quält sich schließlich auf Deutsch: „Mein, mein... Portemonaie!" Wütend setzen wir uns. Der Busfahrer kommt angelaufen, grinst verschmitzt und entschuldigend. „Police, Police?" „Yes", brüllen wir ihm in die Fresse, wohl wissend, dass er in der ganzen Sache mit drin hängt. Er hechtet zurück ins Fahrerhaus, bringt uns zu einer Polizeistation, geht schnellen Schrittes vor uns her in das große Gebäude hinein. Wir notieren uns die Nummer seines Busses, gehen hinterher. In einem von vergilbten Papieren überquellenden Zimmer empfängt uns ein mürrischer Mann, nimmt Daten und Vorfall auf. Mit einem müden Lächeln schließt er die Vernehmung ab, reicht dem Niederländer eine Art Quittung. 15 Minuten später stehen wir wieder auf der Straße, der Bus ist verschwunden. Scheiße, möchte man rufen, und das wäre noch viel zu milde. Wie ist der Tod? Oh, er ist ein Schlag ins Gesicht; er ist ein starker, dumpfer, energiegeladener Stoß; und er kommt plötzlich. Bei offenen Bustüren und freier Fahrt...

- - -

Zerschlagen, müde und kaputtgeschwitzt erreichen wir schließlich Tage später in einem kleinen Holperzug die Hauptstadt Jakarta. Miefiger Dunst liegt über dem größten Ballungsraum Südostasiens, ca. 20 Millionen Menschen drängen sich hier zusammen. An die anderthalb Stunden rollen wir durch einen riesigen Slum, Wellblechhütten ragen bis direkt an die Schienen heran. Überall tobt Leben: Kinder werden gewaschen, Gemüse geputzt, Holzverschläge neu gestrichen. Doch es ist gefährdetes, ungeordnetes Leben: Ratten und Hunde streunen umher, Männer liegen dösend im Dreck, in vermüllten Abwasserkanälen brüten Krankheiten. Einsame Gestalten fahren auf kleinen Booten durch die schwimmenden Müllhaufen, suchen nutzbares heraus. Vor zwei Jahren gab es hier einen kleineren Pestausbruch. Alle paar Minuten stoppt unser Zug, nimmt Pendler auf, setzt andere ab. Ein endloser Strom von Verkäufern, Musikanten, Dieben und Bettlern wälzt sich durch die Waggons; Erdnüsse, Reis und Kaffee wird verkauft; gegen kleines Endgelt der immer dreckige Zugboden gefegt; mit Kontrabass und Geige Samba gespielt. Eine Bettlerin kommt heran, fragt nach Almosen. Ich will etwas gegen, doch weiß zuerst nicht wie: Ein einzelner, schlaffer, knochenloser Finger wächst jeweils aus ihrer Schulter, ein paar taschenlose Lumpen hängen ihr am Körper. Schließlich klemme ich den Schein zwischen Schulter und Finger anstelle der nicht vorhandenen Achsel, mit einem freundlichen Nicken trennen wir uns.

Dann kommen wir endlich am Zentralbahnhof an. Mit einer Rikscha fahren wir todesmutig durch den brutalen Verkehr zu einer kleinen Hotelgasse, fallen wiedermal ins Bett. Die Temperatur ist mittlerweile jenseits von gut und böse, unerbittlich heizt die senkrecht stehende und doch im Smog nur in Schemen wahrnehmbare Sonne den Hexenkessel Jakarta weiter an. Er brummt, brodelt, kocht. Dann versinkt der Feuerball am Horizont und läßt doch seine brutale Energie in den Straßen, in den Menschen zurück. Trotz Ventilator können wir nachts nicht schlafen, verkriechen uns zur Kühlung unter nassen Laken. Sinnlos. Draußen tobt die Stadt, lärmt und brüllt. Dann raschelt es unter dem Bett, ich schlage auf die Matraze. Eine fette, schwarze Ratte zischt hervor, verschwindet im Bad. Ich hechte hinterher, sehe sie im Ausguss verschwinden, wälze einen vergammelten Abfalleimer darüber. Wir schauen uns an. Zum erstenmal in meinem Leben verspüre ich den Wunsch, mich besinnungslos zu betrinken. So langsam reicht es mit den Tropen, reicht es mit Indonesien!

Am nächsten Morgen kümmern wir uns um eine Fährpassage Richtung 1.-Welt-Stadt Singapur, bekommen schließlich einen Platz auf einer der staatlichen Pelni-Fähren, die auf die Insel Bantam in der Nähe von Singapur fährt. 22 Stunden, ca. 15 Euro, 4. Klasse unter Deck. Abfahrt in zwei Tagen. Die nutzen wir, um noch etwas in Jakarta umherzustreifen. Wir besichtigen die größte und rein staatlich finanzierte Moschee Südostasiens (mit Platz für hunderttausend Gläubige) und das Nationalmuseum. Zahlreiche Heldentaten aus den Befreiungskriegen gegen die Niederländer springen uns in ungezählten Diaramen an. Ein riesiger Turm im Stadtzentrum enthüllt einen Blick bis zum Rand des Horizontes, überall bleibt es Stadt, Stadt, Stadt. Singende Soldaten laufen in Formation vorbei, die Gewehre geschultert. Doch immer wieder zieht es uns in die Ghettos, an die Fährhäfen, zu den vermüllten Abwasserkanälen. Hier tobt das Leben sowohl als der Tod; grausam, unerbittlich, in der jeweils extremsten Form. Ahnend, dass wir solches wohl nie wieder in dieser Intensität sehen werden, setzen wir uns diesem verdichteten Stück Dasein aus. Unter einer Eisenbahnlinie waschen Frauen an stinkenden Kanälen Wäsche. Kinder lachen. Prostituierte winken hinter Holzverschlägen. Ratten, räudige Hunde. Eine kleine Moschee. Bretterverschläge, Fäkalien auf der Straße. Katzen mit abgeschnittenen Schwänzen. Behinderte im Dreck. Ein Dieb rennt davon. Lärm, Gestank, Abgase. Rassenunruhen, vor 15 Jahren wurden Chinesen hier in einer grausamen Nacht verfolgt und hingerichtet. Und dann, plötzlich im Ghetto: Holländisch-Batavia, Festung und Hauptstützpunkt der Niederländer im ostindischen Kolonialreich, hohe Decken, Kanonen, Gemälde und Stuck. Und wieder: Ghetto, Schlamm, Wüste, Sonne. Slum.

In einer kleinen Gasse, an der Rückwand eines schmierigen Lokals, stolpere ich über die nackten Beine eines alten Mannes. Er zieht sie zurück, kauert im Kreis einer kalten Feuerstelle, kratzt sich mit einer Scherbe die eitrige, schorfige Haut. Wirre Haare, ein Lendenschurz. Um den Hals ein Medaillion. Unergründlich blickt er mich an. Das kenne ich doch irgendwoher, schießt es mir durch den Kopf, und dann kommt auch schon die Antwort: Hiob!

> Aus engen Gassen und verschlammten Kanälen,
> Aus Wunden voller Dreck und Leid,
> Aus wirren Gesichtern und traurigen Blicken,
> Schreien wir zu Dir:
> „Ist die Erde denn in Frevlerhand gegeben?"

> Doch Du gibst keine Antwort.

> Was bringen wir Dir noch entgegen,
> Was können wir noch gegen Dich sagen?
> Wie können wir unsre Unschuld belegen,
> Wie werden wir auf Hoffnung wagen?

> Wir wissen: Du sprichst uns nicht frei.
> Ist's Dir denn wirklich einerlei?
> Wir wissen: der Tod wird uns schnell erreichen.
> Gehst Du wirklich über unsre Leichen?

> Wo können wir unsre Unschuld vermerken,
> Welchen Richter können wir uns suchen?
> Wo werden wir uns vor Dir verbergen,
> Bei welchem Gott Dich verfl -... ?!

> Hilf Du, HERR, sonst gibt es keine Hoffnung.

> Denn hast die Erde gegründet, ihre Maße geprägt,
> Du hast ihre Gesetze verkündet, ihren Eckstein gelegt.
> Du hast den Regen geboren, sein Wolkenkleid genäht,
> Und hast den Menschen erkoren und sein Leben gesät.

--- - ---

Dann geht unser Schiff. Gleich auf den ersten Blick fühlen wir uns an die Titanic erinnert, eine riesige Fähre liegt am langen Dock. Waren werden verladen, zahlreiche Menschen drängeln sich ungehindert und unkontrolliert an Bord. Dann ertönt die Sirene, die Leinen werden gelöst. Wir suchen unser Quartier, steigen immer tiefer im Bauch des gewaltigen Schiffes nach unten. Plötzlich endet die Treppe an einer wuchtigen offenen Eisentür, ein Pfeil verweist nach rechts. Hier öffnet sich ein langgestreckter Raum mit Holzverschlägen und verkeimten Matratzen. Hunderte Menschen quetschen sich durcheinander, fingergroße Kakerlaken laufen aufgeregt im Gang umher, werden zertreten. Wir erkämpfen uns eine halbe Matraze, lassen die schweren Kraxen fallen. Das Schiff legt ab, Wasser spritzt an die Bullaugen. Ich muß aufs Klo, kämpfe mich wieder nach oben. Alles klar. Doch als ich wieder nach unten komme, ist plötzlich das Schott verriegelt. Irritiert klopfe ich an die stählerne Tür, höre Klopfzeichen von jenseits. Warum ist dieser große Schlafsaal verriegelt worden? Dann beginnt eine Sirene zu heulen, ein rotes Licht flackert auf. Was ist denn das für eine Scheiße, läuft es mir durch den Kopf, ich muß wieder an die Titanic denken und an Friederike im abgeschlossenen Raum. Doch am schlimmsten ist, dass auch die Leute neben mir nervös werden – wenn Einheimische unruhig werden, ist das immer ein schlechtes Zeichen. Ein Mann rennt nach oben zur Mannschaft, kommt nach wenigen Sekunden zurück. Auch das nächste Schott am oberen Treppenabsatz ist verriegelt. Jetzt reicht es, gemeinsam versuchen wir die Tür zu öffnen. Ich nehme eine Axt von der Wand, versuche den Rahmen aufzustemmen. Kein Erfolg. Hilflos stehen wir schließlich umher, schauen uns an. Die Klopfzeichen werden lauter, offensichtlich schlägt jemand auch von innen mit einem Hammer oder einer Axt an das Schott. Lange Zeit passiert nichts, dumpfe Unruhe liegt im Raum. Plötzlich knarrt es, das obere Schott geht auf, ca. 20 Leute in Matrosenkleidern steigen die Treppen hinab. „Ticketkontrolle!" Wütend zerre ich mein Ticket hervor. Man hat offensichtlich – um „schwarzen" Passagieren das Verstecken zu erschweren – die einzelnen Sektionen abgeriegelt und nacheinander kontrolliert. Und wenn nun etwas passiert wäre?! Schlecht gelaunt klopfe ich an die nächste Tür, können sie die nicht jetzt endlich aufmachen? Ein Matrose versteht, kramt einen Schlüssel hervor. Knarrend öffnet sich das Schott. Am anderen Ende steht eine aufgewühlte, aufgebrachte Menge, Friederike mittendrin. Im Schlafsaal muß derweil eine unerträgliche Stimmung geherrscht haben. Wie ist der Tod, wie?! Oh, er ist versteckt, verborgen in Angst und Panik, mitten unter uns Menschen...

Wütend packen wir unsere Sachen, fliehen an Deck. Unter einem Rettungsboot vertreiben wir die Kakerlaken, packen die Isomatten aus, blicken auf die offene See. Sumatra liegt als grauer Schemen am Horizont. Hier könnten wir wenigstens noch schwimmen! Kurz legen wir uns lang, werden von Regentropfen und

Wind geweckt. Ein Gewitter zieht heran, vertreibt uns unter ein kleines Verdeck. Blitze zucken am Himmel, schlagen hin und wieder mit lautem Knall in das bewegte Wasser ein. Irgendwann an diesem Abend, schlechtgelaunt, mitten in all diesen Blitzen im chaotisch-aufgewühlten Wasser, haben wir den Äquator überquert. Was für eine Äquatortaufe!

Am späten Nachmittag des nächsten Tages erreichen wir Bantam. Zusammen mit den tausenden Passagieren der riesigen Fähre drängeln wir uns in einer aggressiv machenden Enge durch eine kleine Zollabfertigungshalle, innerhalb von Sekunden entstehen Türme aus Menschen und Waren, halten kurz ihre Struktur, vergehen wieder. Rasender Stillstand, blaue Flecken. Doch mit einigen Blessuren verlassen wir schließlich auch diesen Raum, gehen ein Stück im Hafen abwärts. Für einen unverschämten Preis steht ein Schnellboot zur Abfahrt ins nahe Singapur bereit, zusammen mit einigen freundlichen, adrett gekleideten Geschäftsmännern betreten wir das klimatisierte, kleine Schiff. Ohne viel Aufwand werden die Leinen gelöst, leicht brausen wir durchs klare Wasser. Indonesien bleibt hinter uns zurück. Nach zehn Minuten sehe ich aus dem Fenster. *Overland* – Wie lange halten wir noch durch? Die Wolkenkratzer Singapurs scheinen schon zum Greifen nahe.

Eine Welt und dritte Welt

Singapur teilt den kollektiven Alptraum Australiens: Eines Tages setzt sich halb Java (ca. 150 Millionen Menschen) in Boote, Fähren, Schiffe, Kähne und Wannen und rudert nach Singapur. Die hochmoderne Luftwaffe Singapurs eröffnet nach wiederholten Drohungen das Feuer, 10 Millionen Menschen sterben in der blutigen See. Doch 140 Millionen kommen schließlich müde, hungrig und verletzt an, irritiert laufen sie durch die geraden, sauberen Straßen, steigen in die klimatisierten Busse, erreichen schließlich die Einkaufszentren. Da sie kein Geld, aber Hunger haben, nehmen sie sich, was sie brauchen: Brot, Käse, Wasser. Das Militär rückt an, kann aber auf die kleinen Kinder und Frauen nicht schießen. Man versucht die Massen ins Gefängnis zu bringen, in Schulen, Heime usw., doch da passen bei besten Willen nur 100.000 Menschen hinein. Im Hafen ankern große Schiffe, doch als Militär und Polizei versuchen, die Eindringlinge darauf zu scheuchen, bleiben die Immigranten einfach auf dem Boden sitzen, sagen nichts, essen Brot und Käse.

Singapur ist eine Insel. Einzig eine schmale Brücke verbindet sie zu Malaysia, dem nahegelegenen asiatischen Festland. Und Singapur ist eine Insel, eine einzigartige Insel des Wohlstandes, zu zwei Dritteln umgeben vom 3.Welt-Land Indonesien. Wir kommen aus diesem 3.Welt-Land, Erinnerungen im Gepäck, die schwerer wiegen als die vollen Rucksäcke. Das Schnellboot legt an, routiniert spuckt uns die Zollabfertigungsstelle aus. Glitzernde Wolkenkratzer leuchten in der Abendsonne. Bezückt und verwirrt laufen wir über saubere, glatte, gerade Straßen, steigen in die klimatisierten Busse, kaufen in den Bäckereien deutsches Brot. Wir ernten einige pikierte Blicke, beginnen uns in unseren zerlumpten Reiseklamotten unwohl zu fühlen, suchen schnell ein billiges, doch für uns teures Hostel. Geschlaucht fallen wir in die sauberen Betten. Willkommen zurück in der 1. Welt, rufen unsere zwiespältigen Gefühle. Dann schlafen wir ein.

Am nächsten Morgen waschen wir die zerschlissenen Sachen, bummeln anschließend durch die Stadt. Die Effizienz und Sauberkeit Singapurs beeindruckt uns, mit einer Seilbahn schweben wir über den riesigen Hafen. Zahlreiche Grünflächen leuchten allerorts, weiße Kolonialvillen springen ins Auge. Am Horizont, hinter der Meerenge von Bantam, liegen die ersten indonesischen Inseln im Dunst. Wie kann nur so ein Unterschied zwischen Menschen herrschen, die doch nur durch knappe 20 Kilometer voneinander getrennt sind? Joseph fällt mir ein, ein junger, engagierter Mann, der auf Flores ein Heim für ca. 25 Waisen aus der Umgebung errichtete, nun langsam eine Schule baut. Er hatte uns in seiner Anlage herumgeführt, von Problemen mit Behörden, Dorfbewohnern und Malaria erzählt. Er besaß nicht einmal Geld für die einfachsten Medikamente, versuchte über Gartenanbau und eine kleine Tischlerwerkstatt die notwendigen Devisen zu beschaffen. Doch ob es ihm auf Dauer gelingt? Und dann wieder Singapur, glitzernde Hochhausfassaden, sauberes Wasser.

Wir treffen einen jungen Deutschen, gerade eingeflogen aus Indien. Er steht noch unter dem Eindruck des prägenden Subkontinentes, berichtet von einem „Pauschal-Tagesausflug" in den Slum von Bombay. Ein großer indischer Reise-anbieter vorort hatte es angeboten: „Ein Tag durch das andere Indien. Erleben Sie den dramatischen Alltag eines normalen Inders!" Er hatte interessiert ge-bucht, wurde zusammen mit ca. 15 anderen Europäern, Amerikanern und Japa-nern zwei Stunden im klimatisierten Reisebus durch einen großen Slum gefah-ren, englische Reisebegleitung *inclusive*. Am Ende stoppte der Bus an einer fest-gelegten Stelle, Kinder kamen, erhielten von den Touristen Almosen aus dem Busfenster heraus. „Eine kleine gute Tat." Ich schaue ihn mir an, ein freundli-cher, interessierter junger Mann, einige Jahre älter als ich. Ein dunkler Bart be-ginnt sich im Gesicht breitzumachen. Er will weiter, übermorgen geht sein Flie-ger nach Bali. Waren Friederike und ich – bei aller Verschiedenheit unseres Reisens – in Jakarta auch solche Slumtouristen? Oder gibt uns der *Overland* letztlich doch einen anderen Einblick? *Overland...*

Trotz aller Fragen genießen wir dennoch einige Tage den Luxus Singapurs aus vollen, fast verzweifelten Zügen, kaufen Hohes-C, Salami und deutsches Brot. Dann wird es zu teuer, mit dem Eastern-Oriental-Express verlassen wir diese singapurianische Oase des Wohlstandes Richtung Norden. Schnell passieren wir die Grenze nach Malaysia, ein eigenartiges Gefühl bleibt zurück. Langsam wird es Abend, Regenschauer jagen übers Land, Reisfelder ziehen vorbei. Und nun zum erstenmal: Karstberge, steil, zerklüftet. Wie riesige, halbgeschnittene Eier ragen sie aus den tiefgrün überfluteten Feldern heraus.

Am nächsten Morgen erreichen wir Kuala Lumpur, die Hauptstadt Malaysias. Hier ist immer noch alles sauber, freundlich, offen. Zwei gewaltige Türme schrauben sich in den Himmel: Die Petronas-Towers, zu dieser Zeit die höchsten Wolkenkratzer der Welt. Wir suchen ein kleines Hostel, bummeln durch die Stadt, besichtigen die imposanten Türme. Am Stadtrand finden wir eine gewalti-ge Grotte, Tempel ragen im Inneren der Höhle empor, stoßen an die verkarsteten Wände. Fledermäuse hängen an den zerklüfteten Decken. Hunderte Affen ren-nen schreiend umher, es stinkt. Da stürzt ein kleiner Affe heran, reißt einer Frau die Handtasche von der Schulter, verschwindend in einer Felswand. Ein junger Mann rennt beherzt hinterher, wirft schließlich seine Polaroid nach dem Affen, der läßt die Tasche fallen, verliert den Halt. Zusammen mit der Kamera schlagen Tasche und Affe auf dem Boden auf, doch alles ist noch ganz und jeder ist noch heil – Glück gehabt! Laut kreischend läuft der Affe davon.

Es wird Abend, wir laufen zum Hostel zurück. Direkt vorm Eingang hat sich ein Techno-Stand breitgemacht, extrem laute Musik donnert durch die dünnen Wände unseres Zimmers. Missmutig legen wir uns lang, können jedoch kein Auge schließen. Bumm, bumm, bumm. Wir beschließen, weitere Pläne zu schmieden. Friederike stellt die Optionen vor: Wir könnten **1.** von Thailand aus nach Nepal und Indien reisen, dann über Pakistan, den Iran und die Türkei zurück nach Europa. Das ist kürzer, reizvoll wegen Indien, Nepal und dem Iran, Länder, die ich sehr gern bereisen würde. Doch die Nachteile sind ebenso deutlich: Von Thailand nach Indien oder Nepal könnten wir nur fliegen, die Überlandgrenzen durch Birma / Myanmar sind geschlossen. Die Militärdiktatur im Dschungel läßt keine Ausländer ohne Genehmigung und offiziellen „Begleiter" ins Land. Indien und Pakistan stehen an der Grenze des offenen Krieges, in Kaschmir wird zur Zeit scharf geschossen. Die Maoisten treiben Nepal in einen immer blutigeren Bürgerkrieg. Zudem bleibt der Iran unsicher, weltweit spricht man von einem baldigen neuen Krieg im mittleren Osten, vielleicht gegen den Iran. Ob diese klassische Overland-Strecke wohl noch gut machbar ist?

Dann bliebe **2.** noch der Weg von Thailand über Laos nach China. Von Peking aus könnten wir schließlich mit der Transsibirischen Eisenbahn nach Moskau fahren, wären dann fast zu Hause. Wir schauen uns an. Durchs unwegsame Laos, wo es nur Schlammwege und Tellerminen geben soll? Durchs kommunistische China, wo an jeder Ecke Polizei und Militär stehen sollen? Im Dezember durch Sibirien?

Und die **3.** Option? Wieder schauen wir uns an. Sollen wir aufhören, von Thailand aus zurückzufliegen? Halten wir den *Overland* noch durch? Was ist das denn für eine seltsamer Wahn, zu reisen, Kilometer zu schrubben, jede Nacht in einem neuen Bett schlafen zu müssen? Anders als bei den alten Nomaden, die überall zu Hause waren, sind wir es nirgends. Werden wir ankommen? Ich erinnere mich an Odysseus: Athene flüsterte ihm ins Ohr: „Du schaffst es", Poseidon brüllte dagegen: „Das schaffst Du nie!" Was im Mythos Götterstimmen waren, streitet diese Nacht nicht weniger laut in uns. Nennt es Instinkte, Gefühle, Meinungen und Ansichten, doch das Problem bleibt dasselbe: Was machen wir? Trotz aller schöner, herrlicher Eindrücke und Begegnungen: Die Hitze schafft uns, die Malariagefahr ist immer noch nicht ausgestanden. Seit über drei Monaten quälen wir uns durch die feucht-heißen Tropen, sitzen in schmierigen Bussen und Zügen, leiden an Durchfall, Migräne und den Nachwirkungen der Malaria(medikamente). Wir sind nassgeschwitzt, ausgeschüttet wie Wasser. Wir sind kaputt. *Overland...* das ist auch eine Sucht. Können wir aufhören, noch aussteigen? Einfach ins Flugzeug und ab nach Hause... und doch wir sind süchtig, Junkies. Lange liegen wir im Bett, die Musik beginnt zu nerven. Dünne Fensterscheiben klirren im kleinen Raum, der Ventilator summt, ein Moskito kreist an der Decke. Es ist heiß, wir kleben aneinander. Nachts um drei wird schließlich der Platz geräumt, die Musik schläft ein. Wir treffen eine Entscheidung: Wir machen weiter. Option Nummer 2. Laos – China – Russland.

Ewig drehen sich die Himmel,
Stürzen weit von Ort zu Ort.
Die Sonne schwebt mit Donnerschall
Auf ihrem Wege stetig fort.

Die Sterne laufen, ein Mond geht auf,
Er kreist und geht und steigt und fällt.
Wasser fließen, rauf und runter,
Im ständig neuen Gang der Welt.

Es blickt ein Mensch nach oben,
Er sieht die Welt sich drehen;
Vernimmt den Ruf der Ferne,
Und beginnt zu gehen.
„Stillstand" heißt der Tod,
Beginnt er laufend zu verstehen;
Und läuft und läuft und läuft und läuft
Und läuft und bleibt nicht stehen.

Feurig-heiße Tropennächte

In kleinen Tuckelzügen rollen wir auf die thailändische Grenze zu. Die Landschaft der langgestreckten malayischen Halbinsel zieht vorbei, endlose Reisfelder, Bambushütten, Karstfelsen. Dann die thailändische Grenze, ein Beamter heißt uns im buddhistischen Königreich willkommen. Wir fahren weiter, es beginnt in immer längeren Abschnitten zu regnen. In vollem Maße setzt die Regenzeit ein, immer öfter sehen wir überflutete Straßen und Dörfer. Als wir in Bangkok ankommen, baden Kinder in den Gassen der Hauptstadt. Breite Holzplanken führen am Rand der braunen Kanäle entlang, unzählige Frauen verkaufen aus kleinen Booten Bananen, gekochten Reis und Süßigkeiten. Thailand hat sich offenbar gut auf die alljährlichen Überschwemmungen eingerichtet.
Wir schleppen unsere Rucksäcke ins Stadtzentrum, finden ein billiges Hostel bei einer bulgarischen Familie am Rand des großen Touristenviertels, in dessen Zentrum die berühmt-berüchtigte Khao San Road liegt. Am frühen Abend machen wir uns nochmal auf, bummeln durch die langgezogene Straße. Es ist schlicht abgefahren: Stück an Stück an Stück an Stück reihen sich die Bars, Hostels, Kneipen, Bordells. Überall gibt es Bier, Wein, Reis, Nudeln, weiße Bäuche. Sex wird zur Handelsware, zierliche Thai-Mädchen stolzieren vorbei, werfen anregende Blicke in die gefüllten Kneipen; zu Amerikanern, Deutschen, Niederländern, Franzosen. Die Hostels werben: „Sweet thai massage", „Extra sweet thai massage" und „Extreme sweet thai massage!" All-around-the-clock-shops bieten internationale Telefonkarten, deutsche Tampons, belgische Chips, amerikanisches Bier und unter den Ladentischen Hasch, Koks und Crack. Zahlreiche Silber- und Schmuckläden ergänzen die Szenerie, dazwischen tummeln sich Schneider- und Photoläden. Travestieshows. Ein Mann verkauft gegrillte Heuschrecken, Maden, Skorpione. Dann eine Halle, Kick-Boxen wird angekündigt. Bananenpfannkuchen brutzeln auf offener Straße, Neon-Reklamen rauben der heranziehenden Nacht ihre Würde. Taxis, Teksis, Rikschas, Bemos und Tuk-Tuks hupen. Und nun beginnt das entfesselte Leben wirklich zu toben, die immer lauter werdende Musik der Kneipen steigert sich gegenseitig mit dem Lärm der Fahrzeuge und dem Brüllen der Menschen zur absoluten Resonanzkatastrophe. Alkohol fließt, und langsam wird alles unter dem Neonlicht der Reklameflächen zu einem undefinierbaren Brei aus Sex, Alk, AIDS und Pop zusammengebacken. Der Tod ist hier ganz leise unterwegs. Wir setzten uns, bestellen einen Bananamilchshake. Das eisig-gelbe Getränk ist köstlich. Dann gehen wir schlafen.
Die nächsten Tage machen wir zu „Servicetagen", flicken die Ausrüstung, bestellen die neuen Visa für Laos und China, kaufen neue Malariamedikamente in einem abgelegenen Tropenkrankenhaus. Von zu Hause erreicht uns ein Paket, Migränemedikamente für Friederike. Zwischen diesen Aufgaben bummeln wir durch die Stadt, besichtigen vergoldete und verfallene Pagoden. Mönche in o-

rangefarbenen Gewändern sitzen im Bus auf reservierten Plätzen. Der größte liegende Buddha der Welt beeindruckt uns, ewig strecken sich die vergoldeten Beine. Kleine Schiffe rauschen über einen gelb-braunen Fluß, Wasser spritzt. Auf einem schwimmenden Markt kaufen wir Bananen und gekühlte Kokosnüsse aus wackligen Booten, essen abends in zahllosen Garküchen am Straßenrand. Ich ziehe einen blauen Hocker heran, setze mich, zeige auf die unleserlichen Schriftzeichen. Nach ein paar Tritten jaulen die streunenden Katzen und Hunde davon. Wenige Sekunden später dampfen die Teller auf dem Tisch, meistens erwische ich etwas wunderbares. Mein Tipp: Feurig-heiße Meeresfruchtsuppe mit Zitronengras!

Wir treffen eine junge Belgierin, sie kommt gerade aus dem Gefängnis, hat dort einen ehemaligen Taxifahrer aus den Niederlanden besucht. Der Mann bekam in Amsterdam das Angebot, für viel Geld ein Kilogramm Koks aus dem „goldenen Dreieck", der Grenzregion von Laos, Birma und Thailand nach Bangkok und schließlich außer Landes zu schmuggeln. Erst war alles kein Problem, doch am Flughafen schlugen schließlich die Hunde an. Da das buddhistische Königreich enorme Strafen auf Rauschgiftschmuggel, –handel und –gebrauch erhebt, nutzten alle Beschwichtigungsversuche der niederländischen Regierung nur soviel, als dass der junge Mann anstatt der Todesstrafe nun lebenslänglich bekam. Die Belgierin schaut uns an: „Da sitzt er nun, in einer 30-Mann-Zelle, lebenslänglich, kann die Sprache kaum. Essen: Reis und Fischköpfe, einmal kurz Ausgang pro Tag im Gefängnishof." Wir sehen ihr ihre Bestürzung an, fragen nach: „Woher kennst du ihn überhaupt?" Sie antwortet prompt: „Nun, er hat eine eigene Internetseite – die er allerdings noch nie gesehen hat. Freunde haben sie für ihn eingerichtet, sammeln so Spenden, schicken ihm Zigaretten zum Handeln ins Gefängnis. Und fragen an, ob man besuchsweise vorbeigehen möchte, wenn man ‚gerade' in Bangkok ist." Wir schauen uns an, wissen nicht, was wir von der ganzen Geschichte halten sollen und gehen lieber einen Bananamilchshake trinken. Was für eine verrückte Welt. Neben uns kiffen sich einige junge Deutsche die Birne weg, Goldketten blitzen in der Sonne, ein Polizist läuft relaxed vorbei.

Dann geht es weiter, mit zahlreichen Stopps reisen wir Richtung Norden. Die Landschaft wird wieder wilder, die weiten Flußebenen des Tieflands werden von immer höheren Bergen abgelöst, tiefgrüner Regenwald macht sich breit. Elefanten auf der Straße. In abgelegenen Tälern besichtigen wir die Überreste der alten thailändischen Hauptstädte, Tempelruinen stehen eindrucksvoll im Dschungel. Papagaien kreischen, Rächerkerzen brennen. Und immer wieder Mönche, orangerote Gewänder im Wind, sitzende Buddhas aus uraltem Stein, verwelkte Mohnfelder.

Wir erreichen das „goldene Dreieck". Ein brauner Schlammweg führt durch ein wildes Tal, nur langsam kommt der schwerbeladene Bus voran. Die Räder drehen durch, müssen mit Ästen unterfüttert werden. Dann erreichen wir eine braune, strudelnde Wassermasse - den Mekong. Wirbelnd und majestätisch zugleich zieht der aus dem Himalaya kommende Fluss vorbei, die Grenze zu Laos ist erreicht, Indochina liegt vor uns. Wilde Berge am Horizont. Wir bedanken uns bei den Busfahrern, laufen auf den Fluss zu. Ein Zollbeamter lässt uns mit kühler Gleichgültigkeit zwei geschlagene Stunden warten, wir setzen uns ebenso kühl und spielen gleichgültig Karten. Dann kommt er aus seinem kleinen Verschlag, winkt uns ungehalten durch. Wir treten zum Fluss, ein langgezogenes Kanu kommt herangefahren, ein alter Fährmann winkt. Vorsichtig betreten wir das wacklige Gefährt, der Motor springt wieder an. Langsam steuern wir durch das strömende Wasser nach Laos. *Cap cai lai lai*!

Buspassage nach Nirgendwo

In der verlassenen Grenzstadt suchen wir uns ein kleines Hostel, bleiben einige Tage. Die Regenzeit hat in aller Stärke eingesetzt, Wege und Gassen sind braun verschlammt. Überall tropft, quirlt, brodelt, sprudelt es; der Busverkehr ist eingestellt. Uns geht es nicht sonderlich gut, Friederike bekommt wieder starke Migräne, leidet zusätzlich unter starken Rückenschmerzen. Voll guter Absicht öffne ich eine Creme mit Rheumasalbe, schmiere sie auf ihrem Rücken breit. Schreiend läuft sie ins Bad, der Rücken feuerrot. Das war eindeutig zuviel! Mir machen weiterhin die Nachwirkungen der Malariamedikamente zu schaffen, nachts schlafe ich schlecht, fühle mich ständig unwohl und übel. Mißmutig richten wir uns in dem kleinen, verkeimten Zimmer ein, kurieren einige Tage an uns herum. Draußen tropft es unablässig. Ich laufe umher, den Hut tief im Gesicht, Unruhe im Herzen.

Die Tage laufen, sie laufen langsam, der Regen lässt nach. Der Fluß ist gestiegen, wälzt sich sanft und beständig durch das grüne Tal. Ein Mönch mit orangfarbenem Gewand steht vor den strudelnden Wassern, abends erscheinen die Ausläufer des Himalaya aus dem Nebeldunst. Dann legt sich wieder sanfter Nieselregen über die wilden Berge. Wir finden eine kleine Anhöhe über dem Mekong, verbringen unsere Abende auf einer kleinen Bank. Der Blick aufs vorbeiströmende Wasser hat etwas beruhigendes. Lange schauen wir dem Wasser nach. Es läuft, murmelt, gurgelt, spritzt, gluckert in tausend Sprachen, immer neu, immer dasselbe. Lange schauen wir ihm nach. Wir lauschen, wir warten, mit stiller offener Seele; ohne Urteil, ohne Fragen, ohne Leidenschaft.

Langsam bekommen wir so ein erstes Gefühl für Laos, lernen einige Brocken der Sprache. Ein einsames, abgeschiedenes Land im gebirgigen Dschungel, so groß wie Großbritannien - aber mit nur zwei Millionen Einwohnern. Dann brechen wir auf, laufen eines Morgens zum Rand des verschlafenen Grenzortes. Ein umgebauter Jeep steht bereit, die Kraxen werden auf dem Dach verschnürt, wir drängeln uns mit 12 anderen Personen auf zwei schmale Holzbänke im Verdeck. Es regnet wieder stärker. Kaum sind wir drin, kommt auch schon die Entwarnung: Wir sollen warten, weitere Personen werden erwartet. Wir steigen wieder aus, laufen durch den Regen. Eine halbe Stunde später sind dann alle da, in einer atemlosen, nassen, miefigen Enge drängeln wir uns alle zusammen. Der junge Fahrer gibt Gas, das Fahrzeug beginnt durch den roten Schlamm Richtung Nord-Ost davon zu schlingern. Jetzt wird es richtig „abgefahren", wild werden wir durcheinander geworfen. Ringsum nichts als tropfender Wald. Der Jeep bäumt sich auf, sackt ab, rutscht scheinbar wahllos weiter. In einem Rinnsal bleiben wir stecken, ziehen mit vereinten Kräften das Gerät aus dem Wasser, steigen wieder ein. Ein Engländer im vorderen Teil des wackligen Rumpelkastens klagt über starke Gliederschmerzen und Krämpfe, nimmt schließlich „mussel relaxing stuff", also irgendwelche die Muskeln entspannende Mittel. Er sackt zusammen, liegt scheinbar teilnahmslos – allerdings skurilerweise offensichtlich vollkommen entspannt – auf dem Boden des Gewühls, während sich alle anderen an Stricken, Sachen und anderen Personen festzuhalten versuchen. Jemand bietet mir plötzlich einen Joint an, ich lehne ab. Auch ein Entspannungsmittel. Doch steht nicht auch in Laos die Todesstrafe schon auf den kleinsten Besitz von Rauschgift? Dann stoppen wir, gehen zum Pinkeln die Straße hinunter. Der Dschungel ist tabu, unzählige Landminen aus den Indochina-Kriegen machen Laos noch immer zu einem höchst gefährlichen Land, immer wieder verlieren Bauern dadurch Arm, Bein und Leben. Wilde Hanfpflanzen werden vom Regen geschüttelt. Und weiter geht es, rüttelnd gen China. Ein Reifen platzt, ich stoße mir den Kopf. Der Reifen wird geflickt, weiter geht es. Ein fast nackter Mann quert den Pfad, ein automatisches Gewehr über der Schulter. Es sieht uns, winkt verhalten, verschwindet im Dschungel. Es schlingert, rutscht, schleift, ächzt.

Abends kommen wir in einer kleineren Stadt an, Blitze zucken über den düsteren Horizont. Die wenigen elektrischen Straßenlaternen verlöschen gerade, Strom gibt es hier nur bis zehn Uhr. Müde und kaputt quetschen wir uns aus dem Jeep, bezahlen das spärliche Frachtgeld. In über 11 Stunden haben wir ca. 120 Kilometer zurückgelegt. Wir fallen in ein dreckiges Bett, am nächsten Morgen geht es weiter. Eine neue Stadt, ein kleines Dorf. Wilder, unberührter Dschungel. Männer mit Pfeil und Bogen. Braune Urwaldflüsse. Eine neue Nacht, ein riesiges Schlaf- und Versammlungshaus. Und weiter. Und weiter!

An irgendeinem Morgen wache ich auf. Ein Hahn hat wohl gekräht, ich höre ihn noch mehrmals. Die Decke des engen Zimmers liegt wie ein weißer Schleier auf meinen Augen. Ruhig, gelassen liege ich da, betrachte den schäbigen Raum. Ich habe vergessen, wer ich bin. Ich mühe mich nicht ab, mich zu erinnern, liege einfach nur da. Ein seltsames Gefühl: Ich habe meinen Namen vergessen. Ich weiß nicht, an welchem Ort ich bin. Ist das das Ziel, das Ziel allen Reisens? Sich im Wirbel der Eindrücke, im ständigen Wechsel der Orte und im Fluss der Menschen selbst zu verlieren, bis ich schließlich vergesse, wer ich bin? Als ein mir selbst unbekannter Mensch starre ich zur Decke - „Person" im Lateinischen, das bedeutet: „Maske"; gemeint ist die Maske des Schauspielers auf der Bühne. Und auch ich setzte bei jeder neuen Begegnung auf unserer Reise eine neue Maske auf, nehme eine neue Person an, spreche mit dem König von Kefamenanu anders als mit dem Botschafter in Osttimor anders als mit dem Polizeiobersten an der Grenze von Indonesien. Jeder neue Tag ist so eine Bühne; und ich spiele - eine handelnde Person im Stück - und der Tag wird zur Komödie, Farce, Tragödie. Doch was bleibt, wenn schließlich der Vorhang fällt, wenn alle Masken fallen? Wenn ich aufwache, und die weiße Decke mich auf mich selbst zurückwirft? Wenn letztlich auch der Tod sein wahres Gesicht zeigt...

Friederike bewegt sich neben mir, wacht auf. Plötzlich sind alle Erinnerungen wieder da, Thomas Heller, 23 Jahre, geboren bei Leipzig, Theologiestudent, zur Zeit in Nang Pang Prah, Laos, unterwegs seit ca. 7 Monaten. Doch wie lange war das eben? 15 Sekunden? Seltsam, intensiv. Ich gebe Friederike einen Morgenkuss, setze ich mich gähnend auf, gehe Zähne putzen. Das Wasser kommt nur tropfenweise aus der verkeimten Leitung. Dann packen wir die Sachen, und wieder los.

So erreichen wir nach einigen Tagen die laotisch-chinesisches Grenze. Mitten in einem unwegsamen Tal liegt plötzlich ein Schlagbaum, einige Holz- und Basthütten ragen aus intensivem Dschungelgrün. Wir nehmen unsere Rucksäcke vom Dach, laufen dem neuen Land entgegen. Das Zentrum der Welt, das Reich der Mitte. China.

Das chinesische Universum

Erst müssen wir lange warten, Minuten werden zu Stunden. Die rote Flagge mit den gelben Sternen hängt schlaff in der Mittagssonne, langsam wächst unsere kleine Gruppe auf ca. 50 Personen; Laoten, Chinesen, Engländer, Deutsche. Die Zeit verrinnt nur langsam, wir spielen Karten. Dann pfeift jemand, eine Lautsprecheransage dröhnt, und plötzlich muss alles ganz schnell gehen. Wir betreten eine langgezogene Baracke, werden wie Schafe durch einen engen Gang getrieben. Zu beiden Seiten hocken grimmige Grenzsoldaten hinter großen Glasscheiben. Der Gang ist lang, die Menschen drängeln sich, es wird laut. Hin und wieder öffnet ein Grenzer seine Scheibe, greift sich eine Person heraus, kontrolliert Pässe, Visa und Gepäck, knallt schließlich fast wütend seinen Stempel in den Pass.

Dann sind wir wieder draußen, Bus- und Taxifahrer stürzen auf uns ein. Wir wählen einen kleinen Bus, verhandeln intensiv mit dem kleinen Fahrer, der von seinen total überzogenen Preisen nicht abgehen will. Entnervt wenden wir uns an die umstehenden Fahrer, doch die sind gut organisiert: Teilnahmslos und kalt schauen sie uns an. Hier gibt es nur einen Bus, nur einen Preis – den Touristenpreis. Wir können das eigentlich verstehen, ärgern uns jedoch über die abweisende Art. Wir steigen ein, fahren los, ein Reifen platzt. Wir wechseln den Reifen, fahren weiter, ca. 30 Minuten. Ein neuer Reifen platzt. Wir wechseln den Reifen, bekommen schlechte Laune, fahren weiter. Am Abend erreichen wir dann die erste größere chinesische Stadt, Jinghong am Mekong. Froh, den einigermaßen vertrauten Fluss wiederzusehen, versuchen wir uns in einem kleinen Hostel einzumieten. Der Preis ist billig, doch die Besitzer sind skeptisch, wollen eigentlich mit Ausländern nichts zu tun haben. Wir zeigen unsere Visa, beteuern dass wir verheiratet wären und nur eine Nacht bleiben wollen. Schließlich bekommen wir das Zimmer, fingergroße Kakerlaken flüchten sich ins Klo. Das Bettlaken zeigt verschmierte Blutflecken. Dann gehen wir nochmals auf die Straße, suchen eine kleine Garküche, zeigen auf irgendein Zeichen auf der Speisekarte. Zwei köstlich dampfende Teller landen vor uns, eine Suppe aus Nudeln, Ei, Tomaten. Mit Stäbchen beginnen wir schlürfend zu essen, Friederike angelt einen Mausschwanz heraus, ich bestelle ein Bier. Um uns herum schlürft, schmatzt, schleckert es; Leute kommen und gehen; spucken auf den Boden; betrachten uns interessiert oder teilnahmslos; trinken Tee und Bier; bleiben manchmal vor unserem Tisch stehen; schauen uns beim Essen zu. Willkommen in der Volksrepublik.

Wir machen Pläne für die weitere Zeit. Jetzt ist Oktober. Wir könnten versuchen, langsam Richtung Norden zu reisen, um im Dezember im 2.500 Kilometer entfernten Peking zu sein. Dann würden wir noch rechtzeitig die Transsib nach Hause bekommen – rechtzeitig, um Weihnachten in Bad Dürrenberg und Naumburg feiern zu können. Das klingt gut, wir stoßen an, genießen den Abend. Beschwipst beziehen wir die ekligen Betten mit unserem Laken, dass wir seit Indonesien jede Nacht neu auf die verkeimten Hotelbetten beziehen (natürlich immer mit derselben Seite nach oben!) und fallen müde ins Bett.

Und wieder geht es weiter, mit vollgestopften Bussen tingeln wir gen Norden. Die Landschaft erinnert zuerst immer noch sehr an Laos, dann werden die Berge langsam höher. Teeplantagen machen sich breit, buschige Sträucher drängeln sich an den steilen Ausläufern des Himalaya. Schnell strömende Flüsse rauschen durch tief eingeschnittene Täler, die Aussicht ist überwältigend. Hier wird der bekannte Yunnan-Tee geerntet. In einem kleinen Dorf stoppt der vollgeladene Bus, geschlossen gehen wir zum Pinkeln in das dorfeigene Gemeinschaftklo. In einer verkeimten Baracke liegt eine ca. 30 cm tiefe Rinne, in einer langen Reihe hocken wir uns zu zehnt hintereinander. Ich vermeide den Blick nach unten, betrachte interessiert den Arsch meines Vormannes, während mein Hintermann einen tüchtigen Furz lässt. Es stinkt unbeschreiblich, ein langer weißer Wurm hängt an der Wand. In einem törichten Moment verliert sich mein Blick nach unten, streift das Innere der Rinne. Als ich wenige Sekunden später den Raum verlasse, bin ich der felsenfesten Meinung, dass man chinesische Gemeinschaftsklos nur noch mit Humor nehmen kann – und wann immer es nur irgendwie geht, die freie Natur vorziehen sollte!

Dann geht es weiter, tagelang tuckeln wir durch die abgelegene Provinz. Pagoden spiegeln sich in klaren Bergseen, Gebetsfahnen flattern im Wind. Zahlreiche Minderheiten haben sich hier noch dem festen Griff der Zentralregierung entziehen können, leben in einsamen Dörfern im unwegsan Gebirgsland. Wohl wissend, dass manche Regelungen für die archaischen Stämme sowieso nicht durchsetzbar sind, hat die Regierung in Peking verschiedene Sonderrechte für die Zhuang, Hui, Yi, Miao, Dai, Bai, Hani, Lisu, Lahu, Wa, Na, Naxi, Jingpo, Nu, Bulang und Dulong erlassen. Sie dürfen ihre Bräuche weiterhin unberührt pflegen, sind von Schulpflicht ausgenommen ebenso wie von der rigiden Ein-Kind-Ehe. Diese (wenn auch durch die Begebenheiten bestimmte) Toleranz beeindruckt uns, langsam beginnen wir uns mit dem chinesischen Staat etwas besser anzufreunden.

Wir erreichen Kunming, die Provinzhauptstadt Yunnans, bleiben eine Woche. Die Stadt „südlich der Wolken" präsentiert sich herausgeputzt, schiefe Pagoden ragen in den blauen Himmel, roten Lampions wackeln im Wind. Wir streifen durch die Märkte, kaufen von muslimischen Händlern große zusammengebackene Nusskuchen und andere Leckereien. Dann ziehen uns die herrlichen Parkanlagen an. Ach, die Chinesen haben Park-Kultur! In den künstlichen Seen- und Wiesenlandschaften mischen wir uns unter Tai-Chi-Gruppen, lauschen Märchenerzählern, Musikanten oder der Zeit, die langsam vorbei rinnt. Und dazu ein kühles Jinning, gebraut nach deutschem Reinheitsgebot. Papierkraniche treiben die Bäche entlang. Lange schauen wir dem Wasser nach, langsam gewinnen wir unseren Frieden zurück.

Wir fahren weiter, am Westrand des Himalaya entlang nach Norden. In einem kleinen Naturpark sehen wir, wie junge Pandabären gesäugt werden. Ein bewegender Moment. Wir spazieren durch alte Tempelanlangen, freunden uns mit Mönchen an. Und wieder Gebetsfahnen, Pagoden, kühler Wind aus den Bergen, klare Seen. Langsam wird es Herbst, uns geht es gut. Endlich, nach fünf Monaten drückender tropischer Hitze, wird es Herbst! Gelb leuchten die Ginkos in der immer tiefer steigenden Sonne.

Wir erreichen Chengdu, Hauptstadt der Provinz Sichuan, eine der typisch-ausufernden chinesischen 10-Milionen-Städte mit all ihren Problemen. Die Dunstglocke und die Ghettos erinnern an Jakarta, doch zugleich scheint hier der Zusammenhalt der Menschen immer noch enger zu sein. Papphütten stehen unter Autobahnauffahrten, doch die Menschen essen abends zusammen und spielen in abgetragenen Anzügen mitreißende Schachturniere. Ich schaue zu, versuche die Regeln der fremdartigen chinesischen Version zu enträtseln, doch es gelingt mir nicht. Zu verschieden sind hier die Zeichen, zu verschieden die Sprache. Keiner kann hier Englisch, Deutsch, Russisch. So müssen wir immer öfter mit Händen und Füßen agieren.

Doch trotz aller Freundlichkeit der armen, einfachen Leute stoßen wir in Chengdu auch auf das andere China. Eine gewaltige Mao-Statue steht über dem riesigen Platz der Stadt, rote Fahnen wehen im Wind. In aller Intensität fallen uns die zahllosen Polizisten und Soldaten auf, die scheinbar jeden Weg zu säumen scheinen. Junge, ausdruckslose Gesichter. 16 Jahre? Die gehobeneren Leute im Anzug, Mittel- und Oberschicht, scheinen uns zunehmend zu ignorieren, starren uns oft feindselig und teilnahmslos zugleich an. Wir zucken die Achseln, versuchen für die Weiterfahrt ein Zugticket zu bestellen, kämpfen uns durch eine wogende Menge. Als uns der Verkäufer schließlich vor sich stehen sieht, zieht er die Schalterjalousine nach unten. Verärgert kämpfen wir uns zum Nebenmann, um denselben Vorgang zu erleben. Wir drehen uns um. Stumm, teilnahmslos und verächtlich schaut uns die Menge an. Eine menschliche Mauer. Umgeben von diesen abweisenden Gesichtern erfahren wir nach acht Monaten Reisen zum erstenmal, was es heißt, in einem fremden Land allein zu sein.

Apropos: Sind die Chinesen rassistisch? Das Land der Mitte hat einen eigenen Schöpfungsmythos. Am Anfang aller Tage formte Gott den Menschen aus Teig, schob ihn in einen Ofen. Doch er verpasste den richtigen Zeitpunkt, kohlrabenschwarz kam die Figur aus den Flammen der Schöpfung hervor. Die Schwarzafrikaner. Der nächste Versuch stand schnell an, eine neue Figur verschwand im Ofen. Übervorsichtig, damit sie diesmal auch ja nicht verbrenne, nahm Gott den Menschen zu schnell wieder aus dem Ofen heraus, käseweiß bevölkert seitdem die weiße Rasse die Erde. Erst beim dritten Versuch war dann schließlich die Zeit genau kalkuliert, knusprig-goldbraun kam die Figur ans Licht der Welt. Die

Chinesen, Krönung der Schöpfung im Mittelpunkt der Welt. Und neben uns bleiben die Sitze im Bus leer, vor uns schließen sich die Schalter der Ticketverkäufer. Internetcafes, ohnehin streng vom Staat überwacht, fertigen uns oft schon am Eingang ab. „Meio" – „geht nicht, gibt's nicht", wird gewohnter Klang chinesischer Sprachmelodie. Und dann treffen wir diesen englischsprechenden Studenten, kommen mit ihm spärlich über das Thema ins Gespräch. „Rassismus", fällt er uns ins Wort, „gibt's in China nicht. Schließlich leben hier keine Schwarzen."

Wir machen weiter. In einer Stadt namens Leshan besichtigen wir den größten sitzenden Buddha der Welt, mühselig strecke ich mich zu seinen Fussnägeln hoch. Gewaltig! Gebaut im 8. Jahrhundert überwacht er den Zusammenfluß dreier Flüsse, soll Bootsunglücke und Havarien verhindern. Eine Hoffnung, die Früchte trug: Da man den beim Bau entstehenden Abraum einfach in die Flüsse kippte, beruhigten sich die Strudel dermaßen, dass seitdem die Bootsführer relativ sorglos die Stelle passieren konnten. Spannend!

Dann erreichen wir Chongching, die größte boomende Stadt am Yangste-Kiang. Lebhaft wälzt der größte Fluss Chinas sein braun-gelbes Wasser durch langgezogene Hafenanlagen, die an den steilen Hängen zu kleben scheinen. Gelber Lehm hat Anlagestege und Docks überzogen, zahllose Kähne, Schlepper und Ausflugsboote schaukeln im Wasser. Ich vergesse meine Brille im Bus, sehe die roten Rücklichter davon fahren. „Meine Brille! Pass auf meine Sachen auf", rufe ich Friederike zu, dann verschwinde ich im Stadtverkehr. Ich hechte an Taxis und anderen Bussen vorbei, erreiche schließlich atemlos unseren fahrenden Bus, klopfe an die verschlossene hintere Tür. Der Fahrer bemerkt mich, sieht mir kurz über den Seitenspiegel in die Augen – und tritt aufs Gas. Wohl die Geldtasche vergessen, wird er sich denken. Ich werde wütend, hechte schnaufend hinterher. „Drecksmist, wie auf Flores", brülle ich mir selbst zu. Der Abstand wird größer. An einer roten Ampel muss der Bus stoppen, ich hole auf. Dann schaltet die Anlage wieder um, ich berühre nochmal kurz – wie beim Staffellauf – die hintere Wand, dann zieht er auf einer relativ freien Straße davon. Ich gebe auf, werfe ihm wütend meine Flüche hinterher. Soll er doch verdammt nochmal glücklich werden mit meiner Brille!

Schwer atmend gehe ich zurück, Friederike sieht mir den Ärger schon von weitem an. „Das ist doch gut", ruft sie mir zu, „so kommen wir jedenfalls wieder gut nach Hause. Kannst du dich an unsere letzten Reisen erinnern, in die Mongolei und nach Istanbul? Jedesmal hast du deine Brille verloren, irgendwo liegengelassen – aber ansonsten haben wir nichts verloren, sind immer gut zurückgekommen. Jetzt kann ich jedenfalls endlich sicher sein, dass wir auch von dieser Reise gut zurückkommen!" Sie lacht. Herzhaft. Und wunderschön. Was habe ich doch für eine starke Frau, die zusammen mit mir all diese verschlungenen Pfade geht. Eine starke, schöne Frau. Verdutzt lache ich. „Ja, Geliebte, wir werden wieder gut zu Hause ankommen!"

Am Hafen checken wir auf einem rostigen alten Touristenkahn ein, der den Yangste-Kinag hinunter in eine Stadt namens Wuhan fährt, drei geschlagene Tage. In guter Erinnerung an die Erlebnisse in der großen Fähre von Jakarta nach Bantam beschließen wir einmütig, nun 3. statt 4. Klasse zu buchen. Nach diversen Verständigungsschwierigkeiten landen wir schließlich in einer engen 8-Mann-Kabine, eine chinesische Familie hat sich schon breit gemacht. Ein Familienausflug. Wir beziehen die Betten. Der Vater winkt uns heran, improvisiert aus einer Pappkiste einen kleinen Tisch. Wodkaflaschen beziehen Stellung, acht kleine Gläser stecken in der Rückhand, die Frauen bringen Zuckerrohr heran. Ehrfürchtig füllt der Vater die Gläser, murmelt irgend etwas, wir stoßen an. Auf gute Nachbarschaft!

Dann werden die Leinen gelöst, langsam treiben wir den Fluss hinunter. Es wird Nacht. Am nächsten Morgen klettern wir trotz einiger Kopfschmerzen auf das Dach, lassen die Landschaft an uns vorbeiziehen. Es ist diesig, die Sonne nur in Schemen wahrnehmbar. Hohe Berge liegen zu beiden Seiten, Dörfer und kleinere Städte krallen sich am Hang fest. Alles scheint schlammüberzogen, braun, grau, gelb. Wild strömt das Wasser. Eine neue Straße läuft weit oben am Hang entlang. Orangenbäume auf einer kleinen Terrasse. Der Yangste-Kiang... hier wurde zum erstenmal vor undenkbaren Zeiten Reis im Terrassenbau kultiviert, hier wurden Kiwifrüchte herangezogen. Im braunen, nährstoffhaltigen Flußwasser liegt die Wiege der chinesischen Kultur, hier entstanden die ersten kleinen chinesischen Staaten, lagen die ersten Hauptstädte. Ein Ort für Epochales.

Und Epochales geschieht im Moment. 500 Kilometer flussabwärts bei Yichang haben die Chinesen in den letzten Jahren einen gewaltigen, weltweit berühmt-berüchtigten Staudamm errichtet. Der „Drei-Schluchten-Staudamm". Der daraus resultierende Stausee wird schließlich der Länge nach die Entfernung von München nach Hamburg überbieten. Weit über siebzig Meter soll das Wasser an manchen Stellen ansteigen, schon jetzt gehen die Pegel nach oben. Wir blicken auf die kleinen Dörfer am Flussrand. Bei näherem Hinsehen erkennen wir ihren Geistercharakter, die Fenster sind tot, die Blumen wuchern wild. Überall ist Hämmern und Klopfen zu hören, Lastwagen fahren durch die engen Gassen, transportieren Schutt und Ziegelsteine. 10 Millionen Menschen müssen für das Megaprojekt umgesiedelt werden. An einer kleineren Stadt legt das Schiff am Kai an, wir gehen in die Siedlung. Nachkriegsstimmung. Bombenstimmung. Überall stoßen wir auf Ruinen, leere Häuser. Vorschlaghämmer, Häuserwände fallen ein. Staub wirbelt wild umher, nach wenigen Minuten sind wir mit einer grauen Schicht überzogen. Ein altes Ehepaar sammelt intakte Ziegelstein aus dem Schutt heraus, trägt sie den Hang hinauf. Ob es ihr altes Haus war, das sie weiter oben wieder aufbauen?

Die chinesische Regierung verspricht sich viel von dem Mammutprojekt: Strom für halb Mittelchina, Hochwasserschutz, Propaganda, bessere Verkehrsanbindungen ins unwegsame Himalayavorland der Provinz Sichuan. Größere Schiffe werden dann auf dem beruhigten Stausee navigieren können. Modernisierung! Doch lohnt sich dafür die Zwangsumsiedlung von Millionen Menschen, die teilweise nicht einmal Entschädigung erhalten? Was ist mit dem Ökosystem, der Verschlammung des Sees durch den lößreichen Fluss, den uralten Kulturstädten, Pagoden und Tempeln am Flußrand? Was ist mit dem riesigen Ballungsraum, der bei Yichang hinter den Staudammmauern beginnt, und in dem weit über 50 Millionen Menschen leben? Schon zweimal gab es in den letzten Jahren in China größere Dammbrüche mit zahllosen Menschenopfern, doch die Regierung schweigt, die Menschen brechen ihre Häuser ab, ziehen am Hang empor. Eine öffentliche Opposition zum umstrittenen Mammutprojekt existiert in China nicht. Und wenn die Menschen reden... wie voll sind die Arbeitslager der Wüste Gobi schon?

So wird unsere Flussfahrt zu einem traurigen Höhepunkt. Halb verlassenen liegen die Dörfer am Ufer, an grauen Mauern leckt schon jetzt das Wasser. Die Sintflut, der Tag X, wenn das Wasser kommt... ein wirklich biblisches Drama. Monoton klagen die Vorschlaghämmer durch die graue Tristesse, und das Wasser steigt und steigt und steigt. Nach drei Tagen in dieser Trostlosigkeit kommen wir zu dem Schluss, dass der Yangzi nicht die Tränen all derer fasst, die seinetwegen weinen müssen.

Mit dem Zug fahren wir weiter nach Norden, erreichen Xi'an, die alte Hauptstadt des Reiches und ehemaliger Endpunkt der Seidenstraße. Eine gewaltige mittelalterliche Stadtmauer liegt wie ein breiter grauer Drachen um die Stadt, während eine riesige, unterirdische Armee von zehntausenden grimmigen Tonkriegern nur darauf wartet das alte China in Blut und Herrlichkeit wieder auferstehen zu lassen. Abertausende Tonschädel starren uns an, Lehmgeruch liegt in der Luft. In der Herberge erzählt uns ein Student in bröckligem Englisch von einer großen öffentlichen Hinrichtung, die vergangenes Wochenende in einem Stadion stattfand. „10 Mörder, Diebe, Verräter! Sie sind alle per Genickschuss hingerichtet worden! Und auch die ‚Falung-Gong-Sekte' wird die Einheit Chinas nicht gefährden können!"

Wir machen eine Tour ins Umland: Breite, flache Pyramiden ragen aus den herbstlichen Feldern. Alte Grabmäler von Kaisern, Mätressen, Kriegern und Beamten. Die volumenreichsten Pyramiden der Welt sollen es sein, bei weitem größer als die Pyramiden von Gizeh. Beeindruckt schlagen wir uns durch ein Maisfeld, erklimmen einen der braunen Giganten, schlagen auf dem Gipfel das Zelt auf. Seit langem unsere erste Nacht in freier Natur. Da wir keinen Laden und keine Garküche, ja weit und breit keinen Menschen gefunden haben, kochen wir trockene, harte Maiskörner in Bier weich, schlürfen beschwipst die weiche Pampe herunter. Eine blutrote Sonne verschwindet im Dunst.

Eine neue Stadt (Luoyang) rollt vorbei, Kinder pinkeln im Waggon auf den Boden. Der Schaffner streut Sägespäne, kehrt schließlich nach Stunden einen gewaltigen Haufen Unrat zusammen, schaufelt alles aus dem fahrenden Zug. Wir steigen aus, sehen entlang eines Flusses über mehrere Kilometer verteilt tausende Buddhas in kleinen und großen Grotten, fingernagelgroß bis ca. 20 Meter. Beeindruckend. Doch vielen der jahrhunderte alten Statuen fehlt der Kopf, Einschusslöcher ziehen sich über die Wände, einige Grotten sind leer oder eingestürzt. Wir lesen nach, kommen neben westlichen Souvenirjägern auf die „roten Garden": Die Jugendkommandos Maos und „Männer fürs Grobe" veranstalteten hier während ihres Kreuzzuges gegen alles „Religiöse", „Kapitalistische", „Feudale" usw. im Rahmen der sogenannten „Kulturrevolution" (1966 – 1970) Schießübungen, brachten so ihre Verachtung gegenüber den althergebrachten Traditionen treffend zum Ausdruck. Wer weiß, wieviele Tempel, Buddhas, Pagoden und Menschen in dieser radikalen Umgestaltungszeit noch ihr Leben lassen mussten... Wieviele? Die Regierung schweigt. Wir denken an den Yangzi zurück, sind zugleich gespannt auf den Platz des Himmlischen Friedens in Peking, wo 1989 Panzer die zaghaften Demokratie- und Reformbewegungen unerbittlich niederrollten. Muss denn der Weg, den China in die Moderne wählt, immer von Blut, Tränen und Schweigen gesäumt bleiben?

Wir schauen uns um, einige gut gekleidete Chinesen lassen sich vor den kopflosen Statuen photographieren, posen mit aufgetakelten Frauen herum. Verächtlich schauen sie auf unsere Rucksäcke, dann kommt ein junger Mann unter großem Gelächter heran, hebt eine der Kraxen auf, geht damit im Kreis. Unbeteiligt stehen wir am Rand der eigenartigen Szenerie, Photoapperate blitzen. Dann sind sie wieder weg, die Gewinner des neuen China... diese kleine Elite (super)reicher Chinesen, die die gnadenlose Marktwirtschaft einiger Sonderwirtschaftszonen an der Küste hervorgespült hat. Zum erstenmal in der Geschichte des Riesenreiches können sie sich leisten, was kaufbar ist; deutsche Nobelkarossen, *haute-cuisine* bei *chez paul* und die neusten Vergnügungen in den Diskotempeln Shanghais oder Hongkongs. Junge, energische Männer. Und dann kommen sie wieder zurück, wollen ein Photo mit uns machen, stehen überheblich um uns herum, grinsen, schütteln unsere Hände. Je nach Wahl sind Weiße für sie Schlachtopfer oder Götzen. Schlachtopfer aus der Sicht ihres überlegenen kommunistischen Systems, Götzen aus der Sicht ihrer gerade entstehenden Marktwirtschaft. Und daneben wieder all die Slums von Chengdu... Ich kratze mich am Kopf. China kann ich nicht zusammen denken, China mit dieser eigenartigen Verschmelzung aus radikalem Kapitalismus und festgefahrenen Kommunismus. Eine wacklige Symbiose und sie kann auch auf Dauer nicht täuschen: Beim kleinsten Machtverlust werden die alten Herren des Zentralkommitees wieder unbarmherzig zuschlagen, Panzer schicken, Blut und Tränen fließen lassen, um sich danach wieder für Jahrzehnte in unzugängliches Schweigen zu hüllen. Was für ein zerrissenes Land, denken wir bei uns, und je mehr wir darin unterwegs sind, desto weniger verstehen wir.

Im nahegelegenen Zhengzhou stolpern wir über den Vorhof einer eigenartige Klinik. Zahlreiche Frauen und Männer tasten sich an weißen Wänden entlang, werden streckenweise von Kindern geführt. Sie alle tragen Ärztekittel und schwarze Brillen, verschwinden im Gebäude. Da insgesamt großer, lebendiger Andrang ist, gehen wir hinterher, sehen große Räume mit weichen Liegen, Frauen und Männer darauf. Lauter Blinde daneben. Eine Massageklinik! Interessiert suchen wir einen englischsprachigen, ebenso blinden Arzt, unterhalten uns über die Klinik und ihre Methode. Er lässt sich Zeit, weiht uns in einige Grundvorgänge traditionell-chinesischer Medizin ein und zeigt uns die Anlage. Zielsicher geht er über die Gänge. Er freut sich, Ausländern zu begegnen und sein Englisch trainieren zu können, berichtet angeregt von den blindgeborenen oder erblindeten Chinesen, die im Reich der Mitte kaum eine andere Ausbildungsmöglichkeit als eben die zum Masseur haben. Dafür bekommen sie allerdings auch eine vortreffliche Unterweisung, erlangen im Lauf vieler Jahre ein ungeheuer sensibles Gefühl für das Spannungsfeld des menschlichen Körpers. „Bei ausreichender Zeit können wir vom Magengeschwür bis zum Krebs alles behandeln", schließt er stolz, schaut lächelnd in die Luft. Ich spüre den stillen Blick seiner toten Augen, beschließe die Gelegenheit beim Schopf zu packen und spreche ihn auf Friederikes Migräne an. Er runzelt die Stirn, erklärt, dass eine dauerhafte Heilung natürlich viel Zeit brauche. Doch für eine gewisse Linderung könnte er durch einige Massagen schon sorgen. Freudig verabreden wir einige Termine für die nächsten Tage.

Am darauffolgenden Morgen sind wir wieder da, „Flidelike" wird auf eine der Liegen gelegt, eine junge blinde Frau beginnt eine sanfte Massage an Kopf und Hals. Unser junger ärztlicher Freund tippt mich an: „Auch Lust?" „Aber ich bin doch gar nicht krank", erwidere ich. „Das macht nichts", entgegnet er kurz, führt mich in einem Nachbarraum zu einem ungeheuer großen, bärtigen Chinesen. Der isst gerade Suppe, spuckt verschiedene Einzelteile genüßlich aus dem Fenster. Der Arzt führt unsere Hände zusammen, spricht einige Worte auf Chinesisch. Wie ein junges Liebespaar stehen wir nebeneinander. Dann wendet er sich an mich: „Unser bester Mann. Ihre Muskeln müssen auch mal richtig gelockert werden." Er zwinkert. Dann liege ich auf der Pritsche. Mit seinen kräftigen Armen greift der blinde Chinese wie in eine übervolle Teigschüssel. Eigenartigerweise muss ich an eine Kampfszene bei Raumschiff Enterprise denken: „Verlust der strukturellen Integrität in fünf Sekunden!" Vier – drei – zwei – eins. Dann ist es soweit. Ich sacke zusammen, werde gewendet, gedreht, geklopft und geschlagen, zu einzelnen Teilen auseinandergenommen. Dann formt er Figuren, lässt sie wieder zerfallen, setzt mich schließlich neu zusammen.

Ächzend erhebe ich mich von der Liege. „Xie – Xie", „vielen Dank!" Benommen stolpere ich davon. Friederike kommt, ihr geht es gut. Wir beschließen, einige Tage zu bleiben, richten uns in einem verkeimten Hotel ein. Die Dusche dient gleichzeitig als Klo, auf erhöhten Steinen balancieren wir vorsichtig über der bekannten braunen Rinne. Friederike erhält einige Massagen, ihre Kopfschmerzen sind in dieser Woche ziemlich gut. Doch ich wage es nicht mehr, die

Klinik zu betreten, achte sorgfältig darauf, nur immer bis zum Tor mitzukommen.

Abends klettere ich manchmal auf das Dach des Hotels, genieße aus der zehnten Etage einen eindrucksvollen Blick über die Neonreklamen der Millionenstadt. Weit unter mir liegt eine belebte Kreuzung; Rikschas, Busse, Fahrräder, Last- und Kleinwagen scheinen bar jeder Ordnung durcheinanderzuwirbeln. Dennoch passiert nie etwas. Ein erstaunliches System der Selbtsorganisation, denke ich bei mir selbst und versuche mich an deutsche Ampeln, deutsche Autobahnen, Schilderwälder und den grünen Pfeil zu erinnern. Doch es gelingt mir nicht recht, zu weit scheint die Heimat entfernt... Irgendjemand tippt mir plötzlich von hinten auf die Schulter, ich drehe mich um. Ein uniformierter Polizist (oder Wachmann?) mit einem Gummiknüppel in den Händen und unwahrscheinlich gelber Haut steht vor mir. Doch offensichtlich hat er etwas schlimmeres erwartet, oder ich sehe ihm einfach nicht verwegen und abgerissen genug aus, und so steckt er schließlich den Knüppel weg. Er spricht mich an, ich kann kein Wort verstehen. „Deguo", „Deutschland", die Standardantwort für alle nicht verstandenen Fragen, stamle ich zurück. Er scheint zu verstehen, legt die Stirn in Falten. „Kall Malx - Degou", antwortet er schließlich, ich nicke zustimmend. Ja, Karl Marx war Deutscher. Dann setzt er sich, beginnt ein Hakenkreuz in den Staub zu malen. Ja, nicke ich, auch das ist Deutschland. Glücklich und betroffen zugleich über soviel Völkerverständigung schütteln wir uns bewegt die Hände, dann gehe ich wieder nach unten.

Schließlich lösen wir eine Fahrkarte nach Beijing / Peking, eine knappe Tagesreise entfernt. Der Zug fährt über Nacht. Nachdem ich mir am Samowar eine Schüssel mit Instantnudeln aufgebrüht habe, schlafen wir im Geratter der Schienen angenehm gut ein. Am nächsten Morgen ist es Winter geworden, auf endlos flachen Feldern liegt weißer Rauhreif. Die Sonne erhebt sich, es ist kalt und klar. Wunderbar. Dann erreichen wir Peking, das Zentrum, die Mitte der Mitte. Ca. 15 Millionen Einwohner in einem gewaltigen Ballungsraum. Die Hauptstadt präsentiert sich freundlich und weltoffen, wir kommen an einem neugestalteten, gigantischen Bahnhof an. „Beijing West – the graetest train station of the world" lesen wir auf einem Schild. Dann nehmen wir einen Bus zum nahegelegenen Zentrum, fahren am Platz des Himmlischen Friedens und an der verbotenen Stadt vorbei. Polizei – Militär – Polizei in endlosen Reihen.

Der Bus fährt langsamer, wechselt auf eine neue Spur. Die neuen, vierspurigen Prachtalleen – gefüllt von neuen VW's und Mercedes-Benz' – scheinen bis zum Horizont zu führen, verblassen vor den Augen. Was sind die Straßen Berlins dagegen? Uns fällt auf, dass von hier aus betrachtet Europa wirklich nur eine kleine, abgelegene Halbinsel darstellt, ein unbedeutendes Anhängsel des gewaltigen chinesischen Universums mit seinen 1,2 Milliarden Menschen. Ein Fünftel der Menschheit, eine Sprache, eine Idee... Hier wird Geschichte gemacht! Wir blicken nach links, ein gewaltiges Portrait von Mao Tse'Dung hängt über dem

Eingang zur verbotenen Stadt, schaut auf den Platz des Himmlischen Friedens hinaus, sein eigenes Mausoleum im Blick. Zwei Stationen später steigen wir aus, verbringen den Rest des gerade erst begonnen Tages damit, eine bezahlbare Jugendherberge zu finden. Dann haben wir Glück, in einem 10-Mann-Schlafsaal breiten wir die Schlafsäcke aus.

Ca. drei Wochen bleiben wir in Beijing, trödeln durch die Stadt, besuchen Märkte, Kunstgalerien, Ausstellungen, Parkanlagen, Museen, bestellen die Visa für Russland und die Tickets der Transsibirischen Eisenbahn. Doch die meiste Zeit verbringen wir in den engen Gassen, streifen durch alte Hinterhöfe, verfallene Tempelanlagen. Hier liegen die Geschichten auf der Straße; wir bücken uns, heben sie auf. Es sind herrlich klare Wintertage, erfrischend, belebend. Auf einem Markt kaufen wir warme Sachen für den sibirischen Winter, decken uns in einem Antiquariat mit deutschen Büchern für die lange Zugfahrt ein. Abends kehren wir in kleine Garküchen ein, essen brodelnde, mit Chilischoten belegte Fleischtöpfe, Hähnchengeschnetzeltes mit Erdnusssoße oder Gurken mit Knoblauch und Liebstöckel. Ein Feuerwerk am Himmel. Friederike findet eine fingernagelgroße Kakerlake in ihrem Reis, ausdruckslos bekommen wir einen neuen. Leute prügeln sich auf der Straße, die Polizei greift ein. Mich interessiert eine alte Sternwarte aus dem 13. Jahrhundert, von Franziskaner erbaut, durch die Mongolenkaiser gefördert. Ehrfürchtig lasse ich meine Hände über die alten Instrumente wandern. Abends werden die Straßen leer, ein stiller Mond hängt über roten Laternen. Sorgfältig versuchen wir auf keinen der zahlreichen eingefrorenen Spuckeflecken zu treten, die – trotz zahlreicher Propagandamaßnahmen der Regierung – immer noch geräuschfreudig auf den Gehsteigen landen. Wir stehen an einer Ampel, ein Mann hält sich ein Nasenloch zu, in großen Bogen fliegt seine Rotze aus dem anderen Loch über die Straße. „Kutscherpfiff!" Drei Monate später soll hier SARS umgehen.

Auf einem großen Antiquitätenmarkt kaufen wir Souvenirs für daheim; Bilder, Schmuck, Tonfiguren, Zigaretten, Besteck, Spielzeug. Als wir alles nicht mehr tragen können, kaufen wir noch einen Rollkoffer dazu, handeln einen guten Preis aus. Wir laufen durch ein riesiges, entstehendes Neubauviertel, halb eingerissene Ruinen kleiner Häuser und Gehöfte ringsum. Familien werden aus ihren Häusern getrieben, Planierraupen fahren umher. Geschichten auf der Straße. Die alten *hutongs*, die traditionellen Nachbarschaftsviertel der Chinesen liegen im Sterben. Baukräne zeichnen eine neue, moderne Stadt – ein würdiges Zentrum des chinesischen Universums – in den blauen Himmel. Die deutsche Botschaft bietet einen Weihnachtsmarkt an, wehmütig laufen wir durch eine Gasse voller Christstollen, Weihnachtsmusik und Bockwürstchen. Wir leihen uns Fahrräder, rollen durch die Stadt. Ich besuche das Militärmuseum, erlebe Hochglanzpropaganda. Einige Masseure bieten auf offener Straße ihre Dienste an, Friederike lässt sich Kopf und Hals massieren, bekommt Hals über Kopf für drei Tage eine gewaltige Migräne. Nachts liegen wir in den bequemen Betten der Jugendherberge, freuen uns auf zu Haus. Die Tage gehen ins Land. Kinder lassen Drachen auf dem Platz des Himmlischen Friedens steigen. An einem beliebigen Abend ist es dann soweit: Ich bin ruhig geworden. Entspannt sitze ich auf dem Bett, Friederike liest. Vielleicht zwei, drei Stunden. Ich sitze einfach nur da, schaue im Zimmer umher. Ich bin glücklich.

Einige Tage besuchen wir noch die große Mauer, kraxeln auf verlassenen Stücken des eindrucksvollen Bauwerkes umher, erkunden Türme, Festungen, Verließe und unterirdische Gänge. Wie eine Samtdecke liegt graues Gehölz über den gewellten Bergen, wie eine endlose Schlange läuft die Mauer über dieser Decke entlang, immer weiter nach Osten, bis sie schließlich im gelben Meer versinkt. Ich beschließe noch Mao Tse'Dung einen Besuch abzustatten, stelle mich in die lange Reihe vor seinem Mausoleum. Rote Nelken werden verkauft. Nach Stunden ist es dann soweit, mit einem Strauß unter den Armen kann ich eintreten. Unter einer roten Fahne liegt sein einbalsamierter Körper, aus einigen Metern Entfernung sehe ich ein eingefallenes Gesicht. Es ist schon eigenartig: Im zentralsten Gebäude auf dem größten Platz der Welt, inmitten der übervollen Hauptstadt, mithin im Brennpunkt des chinesischen Universums, liegt unter einer roten Flagge... ein Leichnam.

Der Abend unserer Abfahrt ist herangekommen, wir geben unser letztes Geld für Süßigkeiten und Tütensuppen aus. 22:30 Uhr soll die Transsib starten, vom Hotel sind es ca. 3 Kilometer bis zum Bahnhof. Gegen halb neun machen wir uns auf, einige vertraute Gesichter aus der Herberge winken uns nach. „Alles Gute für die letzte Etappe!" Beschwingt ziehe ich den Rollkoffer hinter mir her, summe Lieder in der kalten Dezembernacht. Nach 100 Metern bricht an einem Bordstein die Rolle des Rollkoffers ab. „So ein Mist!" meckere ich den Mond an, beginne den schweren Koffer am Henkel zu tragen. Es ist kalt, vielleicht fünf Grad unter Null. Weitere 200 Meter später bricht auch der Henkel ab. Blöde stehe ich auf der Straße, der Koffer ist einfach nur noch zu einem unhandlichen, 20 Kilogramm schweren Kasten voller Geschenke mutiert. Geld für Taxis haben wir keines mehr. „Qualitätsware *made in china*", fluche ich nun zum Mond, nehme dann das unhandliche Viereck vor die Brust. Die Kraxe zieht am Rücken. Friederike lacht. Anderthalb schweißüberströmte Stunden später erreichen wir dann den Bahnhof, suchen den Bahnsteig. Noch 10 Minuten. Ein langer, blauweiß-rot bemalter Zug steht bereit. Die Transsibirische Eisenbahn. Ein Schild benennt die Route: „Peking – Moskwa". Wir holen unsere Tickets heraus, gehen zum passenden Waggon. Zwei resolute Frauen im besten Alter, eingemummt in dicke Mäntel und schwere Pelzhüte, begrüßen uns. Weiße Gesichter, mandelförmige Augen. „Dobroi bocer!" Wir steigen ein, beziehen unser Viererabteil. Zwei junge Chinesen treten hinzu, nicken kurz, lassen sich in die Pritschen fallen. Dann ertönt ein Pfiff, behutsam, als wolle er sich seine Kraft noch für die Weiten Sibiriens aufsparen, setzt sich der Zug in Bewegung. Und was von China bleibt? Ruhe. Und das Gefühl nichts, aber auch rein gar nichts verstanden zu haben. *Zaijian*!

Sibirische Zuggeschichten

Ich brühe mir einen Tee auf. Der fünfte Aufguss, grüne Blätter schwimmen im Wasser. „Der Samowar liefert noch immer das beste Wasser, man muß ja doch die Kohlen auf der Zunge schmecken", bekräftigt Sophia, unsere Zugbegleiterin. Sie gibt sich Mühe, mischt einige deutsche Wörter in ihre klare russische Sprache. Die ersten deutschen Worte! Ich freue mich, soviel habe ich seit Singapur nicht mehr mit „Einheimischen" reden können. In den letzten Winkeln meines Gedächtnisses krame ich nach den Resten meines Schulrussischs aus der Zeit, als Russland noch unser „großer Bruder" war. Wir plaudern etwas.
Ich gehe zurück zum Abteil, treffe eine wütende Friederike. „Die Chinesen fangen schon an, sich wie in China zu benehmen." Müll liegt auf dem Boden, die Chinesen haben drei Viertel des kleinen Abteils okkupiert. Wir versuchen es mit Freundschaft, stellen eine Pappkiste als Papierkorb auf, schütteln als Zeichen guter Absichten die Hände. Langsam schlafen wir ein, unsere erste Nacht im Zug. Nach Moskau sind es 9.008 Kilometer, so weit wie von Deutschland nach Chicago. Sechs Tage, sieben Nächte, unser Weg nach Hause.
Am nächsten Morgen wache ich auf. Es ist der erste Advent. Einer der beiden Chinesen beugt sich über die Pappkiste, lässt genüßlich und geräuschfreudig seine Rotze auf den Boden fließen. Mir platzt der Kragen, wahllos schnauze ich ihn auf Deutsch und Indonesisch an. Er blickt unschuldig auf, setzt sich auf sein Bett. Den üblichen grauen Anzug hat er gegen einen langen weißen Rippenschlafanzug getauscht. Ich bringe die Kiste zum Müll aufs Klo, kippe benutzte Taschentücher, Ohrstäbchen und lange Fäden dünner Rotze in die Toilette. Wir sind doch erst eine Nacht unterwegs! Dann komme ich wieder. Der zweite Chinese steht vor dem Spiegel, rasiert sich mit einem elektrischen Rasierer. Haare fliegen im Abteil umher. Friederike ist aufgewacht, geht sich genervt einen Tee kochen. Mühsam beherrscht nehme ich den Chinesen bei der Hand, zeige ihm das Klo, imitiere vor dem Spiegel einen sich rasierenden Mann. Er lacht, zeigt auf meinen Bart. Na, ob er wohl verstanden hat? In China haben wir ja viel „hingenommen", haben uns als Gäste den Gegenbenheiten angepaßt. Doch in diesem Abteil sind wir alle gleichermaßen zu Hause, allesamt Reisende in einem fremden Land! Dann gehe ich wieder zurück zum Abteil, treffe den ersten Chinesen, der sich in aller Unschuld die Fußnägel schneidet. Alle Nägel, die er wohl zu fassen bekam, hat er schon auf den Tisch gelegt, einen anderen sehe ich gerade im Abteil herumschnipsen, auf meinem Bett landen. Meine Wut erreicht ihren Höhepunkt. Wortlos, doch wohl mit extrem eisigen Blicken führe ich auch ihn zum Klo, imitiere einen sich die Fußnägel schneidenden Mann, der schließlich die Überreste ins Klo wirft. Er lacht unsicher, wir trennen uns, ich gehe mir einen Tee aufbrühen. Der sechste Aufguss. Für die nächsten Tage hüllen wir uns alle in Schweigen, doch das ist uns nur recht; die Chinesen verlagern auch spu-

cken, rasieren und Nägel schneiden auf die Toilette. So kommen wir schließlich alle ganz gut miteinander aus.

Der erste Tag ging so schnell dahin, die weiten mandschurischen Ebenen sind mit weißem Rauhreif überzogen. Eine neue Nacht. Dann erreichen wir Manzhouli, den chinesisch-russischen Grenzort, eine Ansammlung von Baracken, Lagerhallen und Stellwerken im weiten Land. Unser Zug wird auf eine neue Spurbreite umgestellt, verschwindet in einer Halle. Einige Stunden verbringen wir mit fröstelnden Chinesen, gewaltigen, bärtigen Männern und wunderschönen, pelzumhüllten russischen Frauen in einer zugigen, hundskalten Bahnhofshalle. 23 Grad unter Null. Doch wir sind gut gelaunt, kaufen uns als Wärmflasche einen echten Manzhouli-Wodka. Von einer Bahnhofsüberquerung aus sehen wir die Mongolei im Süden liegen.

Dann kommt der Zug wieder angerollt, weiter geht es. Tattat – tattat – tattat. In der Nacht wird es richtig kalt, Schneetreiben beginnt. Mit brutaler Gewalt wirft sich der sibirische Winter gegen die Wände des unbeirrt fahrenden Zuges. Der Wind brüllt wie ein verwundetes Tier. An einem Bahnhof sehen wir spätnachts eine Temperaturanzeige: 36 Grad unter Null. Eigentlich hat der Winter gerade erst begonnen, und doch hält Väterchen Frost das Land fest im eisigen Griff gepackt. Kaum vorstellbar, dass irgendwann auch wieder Frühling werden könnte... In dieser kalten sibirischen Nacht ist er so ferne wie die grünen Wiesen des jenseitigen Paradieses.

Dann wird es wieder Tag. Eine dichte Schneedecke hat das Land in blendendes Weiß gehüllt, eine eintönige und doch erhabene Landschaft. Endlose Birkenwälder beugen sich unter der kalten Last. Grüne und blaue Flecken tauchen vor den Zugfenstern auf, fliehen vorbei. Kleine, sorgsam bemalte Holzhäuser. Rauch steigt auf. Hier und da eine Kirche, im entlegenen Sibirien konnten sie die Wirren des kommunistischen Staates besser überstehen. Ein Land fern aller Länder, voller Abenteuer, Geschichten und Märchen.

Nachts erzählen wir uns Märchen im Zug.

Es war einst ein reicher, mächtiger Zar; der hatte einen schönen goldgelockten Sohn. Dieser spielte im großen Zarengarten, wurde von den geschicktesten Lehrern des Landes unterrichtet. Über glückliche Jahre wuchs er zu einem klugen, geschickten Jüngling heran. Als er das Alter erreichte, in welchem ihm die ersten Haare im Gesicht wuchsen, fragte ihn sein Vater, ob er nun bereit sei, das Zarenreich zu übernehmen. Der Sohn bat sich drei Tage Bedenkzeit aus.

Nach drei Tagen trafen sie sich wieder. „Wie ist Deine Antwort", fragte der Zar. Der Sohn begann zu reden: „Ehrwürdiger Vater! Ein Zarenreich zu regieren, ist eine verantwortungsvolle und schwierige Aufgabe. Ich fühle, dass ich dazu noch nicht bereit bin. Ich möchte Dich bitten, mir noch ein Jahr Lehrzeit einzuräumen; ich möchte dieses bei einem alten

Weisen im Wald verbringen." Widerwillig willigte der Vater ein; und so ging der Sohn aus und verbrachte ein Jahr bei einem alten Weisen im sibirischen Birkenwald. Zusammen saßen sie am Weiher, betrachteten die Fische, den Kranich und den Lauf der Sonne. Nach einem Jahr kehrte der Zarensohn zurück.

„Was hast Du gelernt", fragte sein Vater. „Ehrwürdiger Vater", antwortete der Sohn, „ich habe gelernt zu *warten*." Irritiert sah ihn sein Vater an. „Nun gut. Aber bist Du jetzt bereit, das Zarenreich zu regieren?" „Ich muss sagen, dass ich noch nicht bereit bin. Ein Zarenreich zu regieren, ist eine verantwortungsvolle und schwierige Aufgabe. Ich bitte Dich, mir noch ein Lehrjahr bei einer alten Frau im Gebirge zu ermöglichen." Wütend sah ihn der Vater an. „Nun gut. Aber behalte im Kopf, dass ich Dein Vater bin, und dass ich und das Volk bald durch Dich einen Nachfolger erwarten!" So zog sich der Sohn ein weiteres Jahr zu einer alten Frau in ein hohes Gebirge zurück. Da in diesem Jahr der Winter besonders lang dauerte und direkt ohne Frühling und Sommer in den Herbst überging, konnten sie nur Flechten und Moose essen; und um Wasser zu erhalten, mussten sie Eis mit ihrer Körperwärme schmelzen. Graue Wolken waren ihre Begleiter, ehrfürchtig schauten sie zu den Bergen. Nach einem Jahr kehrte der Zarensohn dann zurück.

„Hast Du nun alles gelernt um das Reich zu regieren", fragte sein Vater hoffnungsvoll. „Ehrwürdiger Vater", antwortete der Sohn, „ich habe gelernt an Leib und Seele zu *fasten*." Wütend sah ihn sein Vater an. „Wozu denn das? Kannst Du nun mit Fasten das Zarenreich regieren?" „Leider, ehrwürdiger Vater, bin ich dazu immer noch nicht bereit. Ich bitte Dich ein letztes Mal, mich für ein weiteres Lehrjahr freizustellen. Ich will bei einem Lebenskünstler in der Stadt in die Lehre gehen." Wütend, mit rotem Kopf und voller Trauer zugleich sah ihn sein Vater an. „Was soll nur aus Dir werden? Womit habe ich so einen Sohn verdient? Jeder andere würde mit Freuden mein Nachfolger werden, aber Du... Nun geh' hin, aber lerne diesmal etwas Vernünftiges!" Da zog der Sohn in die große Stadt zu einem „Lebemann". Zusammen zogen sie durch die Gassen, lachten über die Leute, machten derbe Scherze und stellten charmanten Frauen nach. Obwohl sie nur manchmal arbeiteten, fanden sie abends immer einen halbwegs gedeckten Tisch vor sich, Brot und Wein. Eines Abends stieß ihn der Mann an: „Das ist die schwerste aller Lektionen! Lebe und vertraue!" Nach einem Jahr kehrte der Zarensohn dann abermals Jahr zurück.

„Und, was bringst Du mir diesmal an," fragte sein alt gewordener Vater. „Ehrwürdiger Vater", antwortete der Sohn, „ich habe gelernt zu *vertrauen*." Doch diese letzte Lehre war dem Vater genug. Ohne seinen Sohn nach der Übernahme des Reiches zu fragen, rief er nach seiner Leibgarde und ließ den Sohn im hohen Bogen aus dem Saal des Schlosses werfen. Er landete im Mist, und sein Vater rief ihm nach: „Da gehörst du auch hin, Du missratenes Bild von einem Sohn! Lass Dich hier erst wieder blicken, wenn Du Dir mit Deinen ,Tugenden' ein eigenes Königreich erringst!!" Dann setzte er sich auf seinen Thron und begann zu weinen. Drei Tage lang, und er konnte doch nicht aufhören, so tief war seine Trauer.

Der Sohn suchte seine Habseligkeiten zusammen; er begann zu wandern. Sieben Tage wanderte er, dann überquerte er ein großes Gebirge. Wieder sieben Tage wanderte er, dann überquerte er eine große Wüste. Und wieder sieben Tage wanderte er, dann kam er zu einem endlos scheinenden See. In der Mitte stand, auf einer Insel, aus der Ferne kaum wahrzunehmen, ein prächtiges Schloss. Ein Königsschloss. Und doch schien alles versteinert; tödlicher Schlaf hatte sich über die weißen Türme und die prächtigen Zinnen gelegt. Weit und breit war kein Mensch zu sehen, weder auf der Insel, noch am Ufer.

„Wenn ich mir Zutritt zu dieser Insel verschaffen will, werde ich wohl warten müssen, bis es Winter wird und der See zufriert" dachte der Zarensohn bei sich. Da gerade Sommer geworden war, baute er sich eine Hütte aus Ästen und Zweigen. Vögel kamen, ließen Krumen fallen; und er aß. Wolken zogen vorbei, ließen Regen fallen; und er trank. Tag um Tag, Woche um Woche, Monat um Monat ging ins Land. Die Sonne lockte ihn weiter zu ziehen, doch er blieb und wartete. Schließlich fiel der Winter mit aller Gewalt über das Land her. Als das Wasser des Sees nach sieben Monaten des Wartens zugefroren war, begann der Zarensohn seine Wanderung zu dem mächtigen Schloss. Am Abend erreichte er schließlich die Insel und die Pforte des prachtvollen Baus. Die hölzernen, mit Eisen beschlagenen Tore waren unpassierbar; einzig ein schmaler Spalt in der Mitte ermöglichte einen Blick ins Innere. Erstaunt blickte der Zarensohn nach innen: dort schien Frühling zu sein, eine bunte Gesellschaft war bei einem Mahl versammelt. Doch so sehr er auch rief und an die Tore hämmerte – niemand tat ihm auf, öffnete das Tor, verbreiterte den schmalen Spalt.

„Wenn ich mir Eintritt in dieses seltsame Schloss verschaffen will, werde ich wohl fasten müssen, bis ich durch den Spalt ins Innere hineingelange" dachte der Zarensohn bei sich. Er setzte sich vor die Tore des Schlosses. Die Vögel kamen, und ließen Krumen fallen; doch er aß nichts. Wolken zogen vorbei, ließen Regen fallen; doch er trank nichts. Tag um Tag, Woche um Woche ging ins Land. Nach sieben Wochen fühlte er sich schließlich bereit, er trat zum schmalen Spalt und ging ohne Probleme hindurch. Im Inneren traf er auf eine höchst eigenwillige Festgesellschaft: Auf langen Bänken saßen junge Männer; Fürsten, Grafen, Prinzen. Fröhlich leuchteten die bunten Federn ihrer Mützen in der warmen Sonne. Hier schien schon Frühling, oder gar Sommer zu sein. Keiner nahm von dem herantretenden Zarensohn Notiz, alle waren kräftig damit beschäftigt gebratene Fasane, goldgelbe Pasteten und knusprige Schweinshaxen zu essen; dazu gab es Bier, Honigwein und Wodka aus großen Krügen. Musik spielte, sieben verschleierte Frauen tanzten im Hof. Verunsichert sah sich der Zarensohn um. Da trat plötzlich ein alter Mann zu ihm, legt ihm die Hand auf die Schulter. Der alte Weise aus dem Wald. „Lieber junger Freund. Du bist hier im verzauberten Schloss des König Laiakus. Er herrschte einst über ein gewaltiges Reich, bis ihn eine Hexe vor über 100 Jahren tötete und seine Tochter verzauberte. Nun muss sie mit den Töchtern der Hexe tanzen, ewig und immerzu – bis dereinst einer kommt, der sie von diesem Los per Kuss erlösen wird. Der Erbe des Königsreichs. Deswegen sind auch all die anderen hier; Fürsten, Grafen, Prinzen. Doch sie trauen sich (noch) nicht, den Schleier zu lüften und die Königstochter zu küssen – sie haben große Angst, die falsche zu treffen. Denn das würde sie direkt ins Königreich der Hexe führen, die hässliche Hexentochter an der Seite, um schließlich als Sklave im düsteren Reiche zu dienen. Deswegen vergnügen sie sich hier im Sonnenschein bei Speis, Trank und Musik; sie überlegen, diskutieren, streiten wer wohl die richtige Tochter sei; und manch einer von ihnen mag wohl auch mittlerweile vergessen haben, warum er denn hierher gekommen ist! Und so lange muss die Königstochter mit den Hexenschwestern tanzen, und so lange wird das Reich noch im Schlafe liegen müssen, und so lange wird Leid und Trauer fortwähren." Traurig sah der alte Mann den Zarensohn an, dann ging er von dannen.

„Wenn ich die Königstochter erlösen will, werde ich wohl vertrauen müssen, die Richtige zu treffen", bedachte der Zarensohn bei sich. Er setzte sich an einen Tisch und betrachtete die Tänzerinnen. Ihre anmutigen Bewegungen regten ihn an, die Sanftheit ihrer Glieder gefiel ihm. Er sah ihnen lange zu, trank dann etwas vom Honigwein, sah ihnen wieder zu. Er konnte keinerlei Unterschied zwischen ihnen ausmachen, jede schien gleich schön, anmutig und wundervoll zu sein. Hexentöchter!? Dann griff er zum Braten, zum Bier, zu den Pasteten. Schon lange hatte er nichts mehr gegessen. Ihm ging es gut. Er freute sich. Die Sonne schien. Die Leute lachten. Er schlief, aß, trank. Nach sieben Tagen schließlich fielen ihm die Worte seines Lehrers aus der Stadt wieder ein: „Das ist die schwerste aller Lektionen!" Ohne sich weiter umzuschauen, wohlwissend „Jetzt oder Nie!" stand der Zarensohn auf, ging auf eine der verschleierten Frauen zu. Sie blieb stehen, schaute ihn geheimnisvoll durch den Schleier an. Der Zarensohn sprach sie an: „Du bist es. Mein Vertrauen ist größer als der Tod, meine Liebe stark wie das Leben." Ruhig hob er den Schleier, auf den Mund küßte er sie, glaubend wie im Leben, hoffend wie im Tod, stark in seiner Liebe.

Neben mir beginnt Friederike tief und ruhig zu atmen. Sie schläft. Geheimnisvoll zieht draußen die weiße Nacht vorbei. Was haben *wir* auf unserer Reise gelernt? Warten - an Grenzübergängen, schmierigen Bahnhöfen, beim Trampen. Fasten - wenn es beim Fahrradfahren in Australien nicht genug Wasser gab, wenn wir entgegen dem Trubel der äußeren Eindrücke im Inneren zu uns selbst fanden. Vertrauen - dass letztlich alles gut geht. Warten, Fasten, Vertrauen – werden unsere Väter mit dieser Trias glücklich sein? Werden wir das Königreich erben? Langsam fallen mir meine Augen zu. Doch wenn er nicht Sklave im Hexenreich geworden ist, dann feiern sie immer noch Hochzeit!
Am nächsten Morgen rollen wir am Baikalsee vorbei. Der wasserreichste See der Erde wirft sich wütend an seine eisumkrusteten Ufer. Ein aussichtsloser Kampf gegen den totengleichen Schlaf des nächsten halben Jahres. Eisschollen türmen sich auf, Nebel werden vom Sturm zerrissen. Ein nordisches Meer. Gewaltig. Der entstehende Eispanzer wird in den nächsten Monaten Straßen tragen, die Verbindung zu den abgelegenen Dörfern im Norden des Sees erleichtern. Der Zug stoppt, aus der offenen Tür heraus kaufen wir ein Paket geräucherten Fisch, genießen Fisch, Wodka und Brot im warmen Abteil. Die Chinesen lesen.
Ich blättere etwas im Reiseführer herum, informiere mich über die Geschichte der ungewöhnlichen Strecke. Die begann 1891, als Zar Alexander III. den Bau einer transkontinentalen Eisenbahn in das ferne Vladiwostok befahl. Sein Sohn Nikolai füllte den ersten Schubkarren mit Erde. Dann begannen Jahre ungebrochenen Pioniergeistes, unbeschreibarer Quälereien und vieler Rückschläge. Doch als ab 1916 die ersten durchgehenden Eisenbahnen den Pazifik erreichten, hatte Russland ein wirklich einmaliges Jahrhundertprojekt verwirklicht. Und einen Mythos geboren. Rauschende Feste in den Luxuswaggons der Zaren... gern wäre ich dabeigewesen. Ich denke an den veralteten Restaurantwaggon, schaue zu den beiden Chinesen: Sie schlürfen Nudelpötte, liegen träge im weißen Rippenschlafanzug im Bett. Ich schaue auf meine eigenen abgetragenen Sachen. Die Transsib hat sich gewandelt. Ich lese weiter.
Im zweiten Weltkrieg transportierten die langen Züge dann einen guten Teil der russischen Fabriken in Kleinteilen in die „sicheren" Gebiete jenseits des Ural und trieben so die Erschließung Sibiriens voran, während in die Gegenrichtung Truppentransporte aus der Mongolei und vom Pazifik rollten. Eine reibungslose Kriegsmaschinerie kam hier in Gang, kalter Stahl, rotes Blut. Schließlich mussten nach Stalingrad und allen folgenden Niederschlägen auch deutsche Kriegsgefangene die erzwungene Reise in die sibirischen Weiten antreten, die Transsibirische Eisenbahn ist so letztlich auch ein trauriges Stück deutsche Geschichte. Endlos laufen die Schienen vorbei. Ohne diese Strecke hätte Russland den „großen vaterländischen Krieg" nur schwerlich gewinnen können. Ich blicke nach

draußen, unwirtlich fegt der Wind über die weißverschneite Ebene. Ein Friedhof. Gibt es hier auch deutsche Namen? Oder hat man sich nicht einmal diese Mühe gemacht? Mich fröstelt, und so lese ich weiter.

Der „heiße" zweite Weltkrieg ging fast nahtlos in den kalten Krieg über, in eisernen Vorhang und Blockstaatenbildung. Die Bedeutung der Transsib als Handelsverbindung zu den neuen sozialistischen Partnerstaaten im Osten nahm ständig zu, neue Streckenführungen wie die transmongolische Eisenbahn entstanden. Westliche Reisende konnten in dieser Epoche allerdings vom Abenteuer Transsib nur träumen, es war ein Mythos, eine Legende, kaum noch glaubhaft, fern und verborgen hinter einem eisernen Vorhang in einem unzugänglichen Land. Erst die Wirbel des zusammenbrechenden Großreiches ließen diese Legende dann wieder Realität werden, ein neuer, wenn auch vergleichsweise verhaltener Reiseboom entstand. Doch der Zustrom von Reisenden, Touristen, Abenteuern, Soldaten, Arbeitern und Geschäftsleuten hält unbeirrt an: Auch im neuen Jahrtausend ist die Transsib noch immer der einzig halbwegs verlässliche Landweg von Europa nach Asien - ein hauchdünner Strich Zivilisation in grenzenloser Weite.

Spätabends erreichen wir Irkusk, am Bahnhof sehen wir einen jungen, blondgelockten Mann mit einer hüllenlosen Gitarre. Er war gerade aus unserem Zug gestiegen, läuft nun auf uns zu, stellt sich mit breitem neuseeländischen Akzent vor. „Jonny, reisender Neuseeländer! Schade, dass wir uns nicht schon eher getroffen haben! Aber mal sehen, was in Irkusk so alles geht!" Wir schütteln seine Hände, wünschen ihm alles Gute. Dann verschwindet er pfeifend in der Dunkelheit. Eine Leuchttafel zeigt 28 Grad unter Null. Friederike fällt in eine Schneewehe, flüchtet sich schwer atmend ins Abteil. Ich muß loslachen, doch ihr ist gar nicht so zumute: Sie zittert, bekommt Schweißausbrüche, kann nur schwer atmen. Ein Kreislaufzusammenbruch. Offensichtlich war der Temperaturunterschied vom beheizten Zug zur sibirischen Schneewehe doch zu groß, sie braucht einige Minuten um sich zu erholen, legt sich in die Koje. Der Zug rattert weiter, geisterhaft singen die Schienen in der weißen Nacht. Es wird Tag, es schneit, es wird Abend. Ein kurzer Halt, wir stürzen nach draußen. „Babuschkas" verkaufen Gemüse, Fisch, Kartoffeln. Dick eingemummelte Menschen. Blaue Holzhäuser. Eine blasse Sonne rollt über die Birkenwälder. Die Sehnsucht nach daheim wird grenzenlos.

- - -

Am Horizont spielt das Nordlicht. Wir schreiben Tagebuch, lesen, diskutieren. Erinnern uns. Während draußen Lena, Ob und Jenissei vorbeiziehen, reisen wir nochmals zu den roten Wüsten Australiens, zu den dampfenden Urwäldern Indonesiens und zu den gewaltigen Bergen des Himalaya, wir erinnern uns an die vielen freundlichen Gesichter und die einprägsamen Begegnungen. Und wir erinnern uns, dass auch der Tod viele Gesichter hat; gewaltig, unnahbar, leise. Dazwischen trinken wir Tee, immer wieder neue Aufgüsse, grüne Blätter im Wasser.

Schließlich erinnern wir uns an unsere Sucht, an den *Overland*. Wir denken daran, dass wir nicht aufhören konnten, als es vielleicht nötig war, dass wir immer weiter und weiter und weiter und weiter gegangen sind und einfach nicht mehr aufhören konnten... Fiji und Neuseeland waren wirklich nur ein schönes „Vorspiel", eine gute Einstimmung. Doch was uns dann immer weiter vorantrieb, was uns Ansporn, Inspiration und Droge war, das war der „Overland". Ohne Flugzeug bis nach Hause, die Füße auf der Erde. Durch die Tropen, bei den Menschen. Die Schienen singen, in meinen Knochen spüre ich nun die gesamte Entfernung bis hinunter nach Sydney. Ein Traumpfad, das ist es! Meine ganz persönliche *songline*. In Liedern und Geschichten kann ich diesen Weg erzählen, ihn beschreiben, herbeiholen und auferstehen lassen. Abends beim Sherry, wenn die Geschichten kreisen. Ich habe ihn im Blut, weiß nicht nur, sondern habe mir erlaufen, wie groß, vielfältig, lebensbestimmend dieser Weg ist. Und würde ich eines Tages zurückkehren wollen... ich müßte den *song* nur rückwärts singen!

Jules Verne habe ich immer gemocht. Doch die Wirklichkeit – stelle ich nun fest – ist phantasievoller als die phantastischsten Geschichten. Und solch wunderbare Geschichten liegen beim *Overland* auf der Straße; also gehe ich hin, hebe sie auf, lasse sie nicht liegen! Aus wie vielen Geschichten ist allein *ein* menschliches Leben zusammengesetzt? Jeder Idiot kann doch so ein Schriftsteller sein! Insgeheim verspreche ich mir – wenn ich je einmal ein Buch über diese Reise schreiben würde – es „Overland" zu nennen, vielleicht noch mit einem passenden Untertitel. Zum Beispiel „Geschichten aus 1000-und-Einem Kilometer"?

Friederike liegt über mir auf ihrer Pritsche, summt vor sich hin, schreibt im Tagebuch. Wenn sie ein Buch über unsere Reise schreiben würde, wie verschieden wäre es wohl von meinem? Wieviel ist Wahrheit an meinen Geschichten, wieviel ist erstunken und erlogen aber so selbstverständlich erzählt, dass es auch wahr sein könnte? Und selbst wenn: Wer unter Euch will überhaupt Wahrheit, wenn er Geschichten hören kann?! Die wahrsten Geschichten, lieber Leser, sind nie passiert! Nur langsam schlafen wir ein.

- - -

Schließlich kommen wir in Moskau an. Als wären wir seit Jahrzehnten die besten Freunde gewesen, verabschieden wir uns von unseren beiden chinesischen Kabinengenossen, stehen wieder zu zweit am kalten, zugigen *Boksal* (Bahnhof) *Jaroslav*. Der große, von Tschetschenen verübte terroristische Anschlag auf die Oper liegt einige Wochen zurück, wir sind etwas unsicher in diesem neuen Großstadtdschungel. Doch diesmal sind wir nicht auf uns gestellt, die Freundin eines Bekannten eines Freundes kommt mit einem breiten Lächeln auf uns zugelaufen. „Tak! Da seit ihr also!" Wir hatten schon vorher aus Peking alles über E-mail organisiert. Zu dritt schlagen wir uns durch die grandiosen russischen Metrostationen, landen nach zwei Stunden spätnachts in einem riesigen Plattenbauviertel. Mit der Kraft eines Pferdes und dem benebelten Verstand eines Ochsens schleppe ich den zerstörten Geschenkkoffer vor mir her. In einem kleinen Zimmer beziehen wir Quartier, nebenan schnarcht eine fünfköpfige Familie. Es gibt Speck, saure Gurken, Fisch vom Baikal und ein gutes Gespräch. Dann schlafen wir ein.

Am nächsten Morgen sind wir schon wieder früh auf den Beinen, fahren in die Stadt zurück, besuchen die ev.-luth. deutschsprachige Gemeinde, den Kremel, die Moskwa, das GUM. Als wir den Gorki-Park suchen, erinnere ich mich an den Scorpions-Song: „Following the moskwa, down to gorki park, listening to the wind of change". Auch eine *songline*? Und wenig später sind wir da, trödeln umher. Es ist Sonnabend, Heiratstag. Auf dem roten Platz stehen große Limousinen, wunderschöne Frauen in atemberaubenden weißen Kleidern feiern den hoffentlich schönsten Tag ihres Lebens. Doch es ist eiskalt, unter großen Reifröcken tragen sie braune Filzstiefel. Zwei Soldaten halten uns an, wollen Pass und Visum sehen. Bösartig blättern sie im roten Büchlein herum, schwenken ihre Kalaschnikows. Zwei Sinnbilder im Russland des „kommunistisch-kapitalistischen Transformationstiefs" (wie unser Reiseführer behende schreibt). Dann kommt es: Das Visum ist gefälscht, wir sollen pauschal 50 Dollar Strafe an sie zahlen. Verdutzt lachen wir los, so eine billige Methode! Lächelnd bleiben wir hart, verabschieden uns. Sie lassen uns gehen.

Abends sitzen wir wieder im Zug. Da wir keine Visa für Weißrussland haben, müssen wir über das Baltikum fahren. Gegen 23 Uhr rollt der Zug Richtung Riga los, dutzende Schmuggler verstecken Zigaretten, Alkohol und Damenstrümpfe hinter Verkleidungen, Tischen und Sitzen. Gleichgültig gehen die Zollbeamten durch die scheinbar gleichgültige Menge. Irgendjemand wird ihnen sicher einen entsprechenden Lohn zugesteckt haben. Uns beachtet keiner. Dann ist die Grenze da, laut ratternd rollen wir in die Nacht. *Dosbidanja!*

Heimkehr

In Riga tauschen wir Geld, kaufen zwei extrem überteuerte Zugtickets nach Frankfurt / Oder. Damit schließt sich ein weiterer Kreis: Vor zehn Monaten hatten wir in Frankfurt / Main Deutschland verlassen, kommen jetzt in Frankfurt / Oder wieder zurück auf deutschen Boden. Bei McDonalds schlagen wir uns die Bäuche voll, warten in einer stinkenden, doch warmen Bahnhofshalle zusammen mit dutzenden Obdachlosen. Dann fährt der kleine Zug, langsam geht die Sonne unter der weißen Decke der Felder schlafen. Wir müssen umsteigen, verbringen an einem kleinen, verfallenen Bahnhof an der Grenze von Litauen zu Polen einige hundskalte Stunden. Friederike bekommt stärke Migräne, wir wickeln uns notdürftig in die Isomatten ein. Es zieht fürchterlich. Dann kommt schließlich der Anschlusszug, wir beziehen für die Nacht ein kleines Dreierabteil. Ein junger Mann im Bett unter mir liest Hannah Arendt – auf Deutsch.
Am nächsten Morgen sind wir in Warschau, ein Anschlusszug Richtung Berlin / Zoo steht schon bereit. Ungläubig betrachten wir das Schild: „Berlin / Zoo". Der erste ausgeschlagene deutsche Ort. Dann fährt der Zug los, wir rollen über weite Felder. Es ist ein herrlicher Dezembertag kurz vor Weihnachten, die aufgehende Sonne leuchtet im klaren, weiten Himmel. Rauhreif auf den Ebenen. Wir sind ruhig, schauen zum Fenster hinaus. Irgendwann an diesem Morgen haben wir dann die Oder überquert. Bis auf die gewohnten Geräusche der singenden Schienen war alles still. Wir sind zu Hause.

> Vertraut den neuen Wegen, auf die der Herr uns weist,
> Weil Leben heißt: sich regen, weil Leben wandern heißt.
> Seit leuchtend Gottes Bogen am hohen Himmel stand,
> Sind Menschen ausgezogen in das gelobte Land.

> Vertraut den neuen Wegen, und wandert in die Zeit!
> Gott will, dass ihr ein Segen, für seine Erde seid.
> Der uns ins frühen Zeiten das Leben eingehaucht,
> Der wird uns dahin leiten, wo er uns will und braucht.

> Vertraut den neuen Wegen, auf die uns Gott gesandt!
> Er selbst kommt uns entgegen. Die Zukunft ist sein Land.
> Wer aufbricht, der kann hoffen in Zeit und Ewigkeit.
> Die Tore stehen offen. Das Land ist hell und weit.

[K.P. Hertzsch]

DANKSAGUNG

1989 fiel die Mauer. Da war ich 10 Jahre alt und habe kaum etwas von den tanzenden Menschen verstanden. 2002 konnte ich als junger Mann mit 22 Jahren eine Reise unternehmen, die mich bis an die Enden der Erde geführt hat; mit 25 Jahren habe ich über diese Reise dieses Buch geschrieben.

Zwischen 1989 und 2002 ist viel (an mir) passiert, und das wäre ohne meine Familie nicht möglich gewesen. Ich danke ihr, insbesondere meinen Eltern. Und ich danke Friederike für alle gemeinsamen Kilometer und Stunden sowie auch ganz praktisch für die Korrektur dieses Buches. Ebenso hat uns Friederikes Familie immer gut begleitet; *Grazie*! Und ich danke nicht zuletzt auch der Kirche: Im grauen Sachsen-Anhalt der Nachwendezeit hat sie zwischen Angst und Ostalgie ein verläßliches Wort der Zuversicht gesprochen.

Ganz zum Schluss danke ich noch Karamul und Kiwi B. Die beiden waren uns doch noch immer die besten Reisegefährten.

Panamericana Nord

Die Traumstraße Panamericana erstreckt sich über tausende von Kilometern durch 13 Länder entlang der amerikanischen Westküste.

Für den Autor Jens Freyler beginnt dieser Traum in einem verschneiten Frühsommer in Alaska, führt ihn durch die Goldfelder von Yukon und Klondike und die Inselwelt der Inside Passage in die wolkenverhangenen Wälder Westkanadas. An der Pazifikküste setzt sich der Weg fort auf den legendären Highways 1 und 101 und durch die Nationalparks der USA.

Erhältlich im Buchhandel und bei www.traveldiary.de

Panamericana Central

Die Panamericana setzt sich fort durch Kakteenwüsten und Regenwälder. Spanische Kolonialstädte und mystische Mayastätten säumen ihren Weg, Vulkane und Traumstrände prägen die Länder zwischen Pazifik und karibischer See.

Naturwunder wie der Barranca del Cobre in Mexiko oder der aktive Vulkan Arenal in Costa Rica, Architekturwunder wie Tikal in Guatemala, die Kathedrale von Leon in Nicaragua oder der Panamakanal und Menschen wie die Quiche Maya und die Embera-Indianer machen diese Reise zu einer ganz besonderen…

Erhältlich im Buchhandel und bei www.traveldiary.de